2022年重庆市教育委员会人文社会科学研究规划项目

（项目编号：22SKGH371）

高校图书馆阅读服务转型研究

王韫梅　著

化学工业出版社

·北京·

内容简介

《高校图书馆阅读服务转型研究》为作者主持的"2022年重庆市教育委员会人文社会科学研究规划项目'元宇宙时代应用型本科高校图书馆阅读服务转型研究'（项目编号：22SKGH371）"的研究成果。

面对新型技术对于图书馆的阅读服务冲击，本书力图探索高校图书馆的阅读服务独特之美。全书共十章，从高校图书馆阅读服务相关概念展开论述，关注阅读服务的传承与创新，着力于读者幸福感指数及当下高校图书馆数智化转型研究，拓展到研究未来元宇宙时代高校图书馆阅读服务转型，在研究高校图书馆阅读服务行动中阐述全民阅读之美、专业阅读之美，在新质生产力发展中开展高校图书馆转型发展研究，再升华至图书馆为读者幸福阅读提供的服务之美。作者以全民阅读、专业阅读，乃至幸福阅读的服务视角，努力为我国高校图书馆馆员阅读服务实践工作提供依据，并期待为我国高校图书馆提供阅读服务独特的实践指导。

本书适合于从事高等教育行业，特别是高校图书馆馆员、研究人员、教育教学人员、本科生阅读参考，也有助于高校图书馆更好地实施专业阅读推广服务设计与规划。

图书在版编目（CIP）数据

高校图书馆阅读服务转型研究 / 王韬梅著. -- 北京：化学工业出版社，2024.11(2025.4重印). -- ISBN 978-7-122-46389-0

Ⅰ. G252.17

中国国家版本馆 CIP 数据核字第 2024A4K879 号

责任编辑：丁文璇　王淑燕　　　　　　装帧设计：韩　飞
责任校对：田睿涵

出版发行：化学工业出版社
　　　　（北京市东城区青年湖南街 13 号　邮政编码 100011）
印　　装：北京盛通数码印刷有限公司
710mm×1000mm　1/16　印张 13　字数 179 千字
2025 年 4 月北京第 1 版第 2 次印刷

购书咨询：010-64518888　　　　　　　售后服务：010-64518899
网　　址：http://www.cip.com.cn
凡购买本书，如有缺损质量问题，本社销售中心负责调换。

定　　价：68.00元　　　　　　　　　　版权所有　违者必究

前言

阅读推广是做好高校图书馆阅读服务的重要手段，需要业界的广泛关注和研究。而目前有些高校图书馆不能满足师生的阅读需求，因此有必要系统地探索高校图书馆阅读服务与阅读学习中的转型研究趋势，找到服务与学习之间的和谐点，为高校图书馆阅读服务研究开辟新的理论研究依据，为实现全民阅读的目标提供理论指导。

本书试图从一个新的视角对高校图书馆阅读服务展开研究，对图书馆阅读服务的传承与创新、读者幸福感指数、图书馆数智化转型、元宇宙时代的转型研究、经典推介转型、符号化研究、社区网格化管理转型等做了探索，为我国高校图书馆转型研究提供借鉴和参考。

本书适合从事高等教育行业，特别是高校图书馆馆员、院系资料室馆员、研究人员、教育教学管理人员、教师、本科生阅读参考，也有助于高校图书馆更好地实施专业读者阅读推广服务设计与规划。

笔者希望通过对高校图书馆阅读推广服务转型研究，为进一步完善高校图书馆阅读服务的理论体系提供更为完善的研究思路，为高校图书馆馆员的实践工作提供科学的理论依据。

在本书的写作过程中，得到了很多专家、学者、同事、家人的帮助和指导，也参考和借鉴了很多业界专家的研究成果，在此表示诚挚的感谢。

因时间仓促，自身水平有限，书中难免有不足之处，敬请广大读者批评指正。

王韫梅

2023 年 12 月

目录

第一章　高校图书馆阅读服务相关概念概述　001
第一节　高校图书馆阅读服务相关核心概念 …… 002
一、高校图书馆阅读服务的初心和宗旨 …… 002
二、高校图书馆是全民阅读中文化传承的重要载体 …… 004
三、阅读服务方法以及高校图书馆阅读服务的意义 …… 005

第二节　高校图书馆阅读服务的价值分析 …… 007
一、全民阅读发展进程 …… 008
二、高校图书馆全民阅读服务现状 …… 009
三、高校图书馆全民阅读服务转型范式 …… 012

第三节　阅读服务价值体现 …… 019
一、阅读服务增强文化记忆 …… 019
二、阅读服务强化身份认同 …… 020
三、创建阅读服务文化共同体 …… 021

第二章　高校图书馆阅读服务的传承与创新　023
第一节　建设新时代高校图书馆阅读服务体系 …… 023
一、目前国内外研究现状和趋势 …… 024

二、打造高水平大学的阅读服务环境 ……………………………… 024

三、提供高质量阅读科研文献馆藏服务 …………………………… 025

四、构建精准的馆员育人服务体系 ………………………………… 026

第二节 区域国别学与阅读服务融合 …………………………… 027

一、相关概念和研究意义 …………………………………………… 027

二、区域国别学研究现状 …………………………………………… 028

三、提升阅读推广服务广度和深度 ………………………………… 030

第三节 新时代高校图书馆阅读服务路径 ……………………… 033

一、观念更新、定位明确,树立阅读服务理念 …………………… 033

二、加强高校图书馆馆员队伍建设,大力提升阅读服务能力 …… 034

三、拓展阅读服务途径,加强阅读服务市场培育 ………………… 035

第三章 高校图书馆阅读服务读者幸福感研究 …………………… 037

第一节 阅读动机、阅读行为、阅读兴趣与幸福感 ……………… 037

一、提升自主而有归属感的读者阅读动机 ………………………… 037

二、大学生读者阅读行为分析 ……………………………………… 038

三、大学生读者的阅读兴趣的激发与养成 ………………………… 042

第二节 阅读服务中大学生读者差异分析 ……………………… 045

一、阅读服务中性别差异 …………………………………………… 045

二、阅读服务中城乡读者差异 ……………………………………… 045

第三节 提升读者阅读幸福感的主要对策 ……………………… 046

一、组建"阅读圈",鼓励参与和分享 …………………………… 046

二、发挥教师阅读影响力,潜移默化激发阅读兴趣 ……………… 046

三、利用大数据,创新图书馆服务体系 …………………………… 047

第四章　高校图书馆阅读服务数智化转型　048
第一节　高校图书馆阅读服务数智化　049
一、我国数字阅读的发展状况　049
二、高校图书馆开展数智化转型的主要问题　052
三、我国数字阅读存在的主要问题　063
四、以数字阅读方式深入推进全民阅读的基本策略　064

第二节　高校图书馆阅读服务智慧化建设的必要性　066
一、阅读服务智慧化与数智化息息相关　067
二、高校图书馆功能性的要求　067
三、教育科研发展的实际需要　067

第三节　高校图书馆阅读服务智慧化的实现路径　068
一、理念创新：读者思维的转变　068
二、制度创新：组织架构的立体化　069
三、空间改造：三重空间的改造升级　070
四、人才更新：人才的专业性和丰富性　071

第五章　高校图书馆阅读服务在元宇宙时代的转型研究　072
第一节　元宇宙的概念和基本特征　072
一、元宇宙定义及其基本特征　072
二、元宇宙图书馆研究文献综述　073
三、开展元宇宙时代阅读服务理论研究　074
四、基于元宇宙的智能在线阅读服务环境构建研究　075
五、元宇宙时代未来应用前景　075

第二节　研究元宇宙时代阅读服务的重点和难点　076
一、理论和实际应用价值　076

二、研究目标、研究内容、拟突破的重点和难点 ……………… 077

三、元宇宙时代阅读服务的重点和难点 …………………………… 081

第三节 元宇宙时代高校图书馆阅读服务研究方向 …………… 082

一、研究的创新之处 ………………………………………………… 082

二、研究元宇宙阅读服务应采用的研究方法 …………………… 083

三、研究元宇宙时代高校图书馆阅读服务的路径和意义 …… 085

第六章 高校图书馆阅读服务经典推介转型 …… 090

第一节 高校图书馆推介经典阅读的影响因素 ………………… 090

一、支持保障性因素 ………………………………………………… 091

二、直接影响因素 …………………………………………………… 091

三、间接影响因素 …………………………………………………… 091

四、外部驱动因素 …………………………………………………… 092

第二节 高校图书馆经典阅读服务的时代定位 ………………… 092

一、国家层面的明确规划 …………………………………………… 092

二、社会层面的历史重任 …………………………………………… 093

三、高校层面的职能发挥 …………………………………………… 094

第三节 高校图书馆推广经典阅读的对策 ……………………… 094

一、明确读者信息需求,提升读者阅读认知和行为 …………… 094

二、丰富推广经典阅读活动形式 …………………………………… 096

三、开展多方协作,建立联动共建机制 …………………………… 098

第七章 高校图书馆阅读服务符号化研究 …… 101

第一节 核心概念界定及其研究意义价值 ……………………… 101

一、符号学概念界定 ………………………………………………… 101

二、符号的分类 ··· 102

三、符号学图书馆的研究意义 ····························· 103

第二节 国内外研究现状述评 ·· 104

一、国内研究现状 ··· 105

二、目前国外符号学研究现状和趋势 ··················· 106

三、研究简评 ··· 110

第三节 符号学研究理论基础 ·· 110

一、研究创新点 ··· 110

二、研究目标 ··· 111

三、研究内容 ··· 111

四、研究方法 ··· 112

第四节 高校图书馆符号形象研究 ······································ 112

一、高校图书馆文化建设 ·································· 113

二、图书馆的物理空间建设 ······························· 113

三、图书馆馆员符号形象 ·································· 114

四、纸质馆藏与电子信息资源 ··························· 115

五、管理者的管理水平 ····································· 116

第八章　高校图书馆阅读服务社区网格化管理转型　117

第一节 高校图书馆与社区阅读服务策略研究 ···················· 117

一、高校图书馆开展社区服务的作用和意义 ········ 118

二、高校图书馆的社区服务开展现状与不足 ········ 118

三、高校图书馆的社区服务策略和建议 ·············· 121

四、高校图书馆开展社区服务注意事项 ·············· 123

第二节 高校图书馆阅读服务社区网格化转型研究 ·············· 124

一、概念和基本原则 ·· 124

二、开展社区网格化阅读服务目标与任务 ……………………… 125

三、高校图书馆的阅读服务与社区网格化管理案例 …………… 127

四、"阅读社交"成为高校图书馆阅读服务新趋势 ……………… 130

五、高校图书馆的阅读服务与社区网格化管理的意义 ………… 133

第三节　高校图书馆阅读服务社区网格化管理转型的途径 ……… 134

一、资源整合 …………………………………………………… 134

二、服务创新 …………………………………………………… 135

三、用户管理 …………………………………………………… 135

四、合作共享 …………………………………………………… 136

五、数据分析 …………………………………………………… 136

第四节　划分社区阅读网格并建立网格化阅读服务体系 ………… 136

一、划分社区网格 ……………………………………………… 137

二、建立网格化服务体系 ……………………………………… 137

第九章　高校图书馆院系资料室阅读服务实践探索　139

第一节　应用型本科高校院系资料室阅读服务 …………………… 139

一、背景情况 …………………………………………………… 139

二、主要做法 …………………………………………………… 140

三、读者的主动阅读参与 ……………………………………… 143

四、经验启示 …………………………………………………… 144

第二节　高校院系资料室阅读服务数据可视化分析探索 ………… 146

一、我国部分高校图书外借数据来源及其研究方法 …………… 147

二、高校院系资料室开展主题阅读推广数据的实践与运用 …… 149

三、借阅数据可视化中高校院系资料室馆员技能素养的实践与实现 …… 151

四、高校院系资料室专业阅读推广数据的启发与设想 ………… 154

第三节　开展"幸福阅读"理念的阅读服务转型研究 ················ 156
一、幸福阅读 ·· 156
二、最初的阅读服务行动:"守株待兔" ························ 157
三、行动的展开 ·· 158
四、幸福阅读研究的启示 ···································· 167

第十章　中国特色的高校图书馆全民阅读服务研究 169
第一节　融入学习和生活的阅读服务 ························ 170
一、阅读传统是中华文明的基因 ······························ 171
二、阅读是中华文明传承的基本方式 ·························· 172
第二节　阅读是国家民族创新发展的发动机 ·················· 173
一、阅读是知识创新的"温床" ······························ 174
二、阅读的过程是灵感飞跃的源泉 ···························· 174
三、阅读大环境提升民族思考能力 ···························· 175
第三节　阅读服务的意义 ·································· 175
一、阅读的意义 ·· 175
二、开展全民阅读服务的意义 ································ 176
三、全民阅读服务是提升精神力量的源泉 ······················ 176

附录 1　高校图书馆指导大学生必读书目 100 本 177

附录 2　哈佛通识课：改变你和世界的 100 本书 183

参考文献 190

后记 195

第一章
高校图书馆阅读服务相关概念概述

图书馆在发展过程中，要牢牢把握高质量发展的首要任务，因地制宜地发展新质生产力。各行各业都在期待新质生产力的高质量发展，高校图书馆事业的转型发展也应积极与之相适应。发展新质生产力是推动高质量发展的内在要求和重要着力点。高校图书馆发展新质生产力的显著特点就是创新，既要有技术和业态模式的创新，也有管理和制度层面的创新。

"十四五"时期，全民阅读工作将肩负起引领全国文化发展的重任，为加快文化强国建设，提高国民幸福感、获得感、满足感提供重要精神支柱。文化是一个国家、一座城市的灵魂，阅读是涵养文化最为有效的途径，全民阅读对增加国家综合竞争力和发展后劲、提升国民幸福指数具有显著成效。

本书对全民阅读、阅读服务以及阅读服务的价值等核心概念进行了准确的阐释，从文化记忆、身份认同以及主题文化共同体等研究维度，来探讨以全民阅读和阅读服务为研究起点的精神价值具象化，能更好地彰显全民阅读和阅读服务的公益性理念，明确阅读服务的责任与目标，为高校全民阅读服务工作的开展提供理论依据和现实参考。

第一节　高校图书馆阅读服务相关核心概念

一、高校图书馆阅读服务的初心和宗旨

高校图书馆应将广泛践行中国特色社会主义核心价值观作为阅读服务的初心。在服务中，积极融入全民阅读理念，将推进文化自信自强、铸就社会主义文化新辉煌作为服务宗旨。

（一）融入全民阅读理念

近几年，华东师范大学范并思教授首先在阅读服务的理论方面发表了数篇文章，较为系统地回答了"阅读推广是什么""阅读推广为什么""阅读推广怎么做"等问题。范并思认为，阅读服务是一种新型的、介入式的图书馆服务，其目标人群是全体公民，重点是特殊人群，活动化、碎片化是主要特征，其主要目的是使不爱阅读的人爱上阅读，使不会阅读的人学会阅读，使阅读有困难的人跨越阅读的障碍。他的这些思想为阅读服务初步构建了一个基本的理论框架。

2022年4月23日是第27个世界读书日，我国首届全民阅读大会在北京开幕，2023年4月23日，我国第二届全民阅读大会在浙江省杭州市开幕。《中华人民共和国公共图书馆法》明确提出图书馆"应当将推动、引导、服务全民阅读作为重要任务"。在新的环境和时代发展中，图书馆需要新认知、新担当，成为全民阅读推广服务体系的中坚和保障，拓展和深化全民阅读推广服务工作。

阅读是一种理解、领悟、吸纳、品鉴、评价和探索作品的思维过程。图书馆的阅读服务有两个基本目标，即"馆藏推介"和"读者发展"。图书馆的阅读服务也据此可分为两种基本类型，基于资源的推广（或称以资源为中心的推

广）和基于读者的推广（或称以读者为中心的推广）。阅读可以转变阅读者思想、提升获取知识能力，从而可能改变个体甚至社会的命运。阅读能丰富人的精神世界，获取更多更好的知识，给人以启迪和智慧，给人以快乐和幸福，给人以希望和未来憧憬，提升人的生活幸福指数。

2023年3月5日上午9时，第十四届全国人民代表大会第一次会议在人民大会堂举行开幕会。全民阅读持续10年之久，连续写入国务院政府工作报告。政府工作报告指出：丰富人民群众精神文化生活；深化群众性精神文明创建；发展新闻出版、广播影视、文学艺术、哲学社会科学和档案等事业，加强智库建设。

（二）大力推进全民阅读

图书馆服务体系是全民阅读推广服务体系的主阵地。全民阅读推广服务体系是在知识服务、阅读推广、文化自信和文明养成等方面推进中国式现代化的主要举措。人类社会向现代化行进，不论从传统社会向现代社会转变，还是从农业社会向工业社会转型，两种描述方式都或隐或显地包含着人本身的现代化。中国式现代化是以人为中心的，体现鲜明的人民主体性，建设推进目标是为了人民，实现人的全面自由发展。图书馆的设立与发展是应时代需要而产生的社会制度设计，提供普遍、平等、共享的文献知识服务，保障民众阅读与学习的文化权利。在中华民族现代文明建设中，图书馆所具有的图书文献持续积累、整体性知识体系传承、人类文明共处包容等特点可为今日中国文化建设作出贡献，更可以在赓续不断的文献史和阅读史中体现中国文脉和中国特色。图书馆也将在厚重的中华文明土壤中找到自身的根脉，实现"传承文明、服务社会"的历史使命。

"深入推进全民阅读""公共图书馆""加强智库建设"和"加强国家科普能力建设"等表述引起图书馆业内广泛关注。全民阅读在此从"倡导"转化为了"推动"，从2014年到2016年的表述是"倡导全民阅读"，2017年则是"大力推动全民阅读"，意指全民阅读已经从宣传与推广层面，进入了大力推动深化阶段，已深入人民心中。政府层面的关注人民阅读，给承担全民阅读服务主要责任使命之一的图书馆注入了活力和强大的动力，为图书馆服务工作者提供了情绪价值，我国热爱图书馆事业的专家学者、馆员更为积极地投入到实践研究中。

政府层面始终将全民阅读放在重要位置。2022年4月23日上午，习近平总书记致信祝贺首届全民阅读大会举办，让第27个世界读书日变得意义非凡。这是全民阅读在国务院政府工作报告中连续亮相后，以更加丰富饱满的姿态落地，迈出了更具实质性的一步，打开了全民阅读新境界。联合国教科文组织对全民阅读的要求是让每个人都有书可读，经过长期的发展，我国对全民阅读越来越重视。高校图书馆应以大力提倡阅读为服务宗旨，以悦读育人为服务目标，全身心地投入到为国家强大的阅读服务中去。

二、高校图书馆是全民阅读中文化传承的重要载体

阅读服务是促进阅读、宣传阅读所开展的活动。不仅能够提升公民的阅读水平、开发智力、汲取精神营养、传承民族文化，而且把阅读看作公民享受教育权利、嵌入社会生活、消弭教育鸿沟、和睦家庭关系、贴近弱势群体的重要手段。图书馆在阅读服务活动中采取"名家讲坛""图书阅读推广""精品图书展览""真人图书分享""读书征文比赛""读书箴言征集""读书有奖知识竞赛""图书捐赠""名著影视欣赏"和"阅读书法展示"等方式。阅读服务是为促进并宣传阅读而开展的活动，是提升高校图书馆读者阅读水平和传承民族文化的重要手段。

在高校图书馆阅读服务中，其内涵介于阅读推广服务和阅读借阅服务二者之间。从宏观来看，阅读服务是通过策划吸引读者关注特定的主题内容，调动相关资源的使用，以提升其流通率和利用率的活动，该阅读服务属于高校图书馆阅读推广服务的范畴；从微观上来看，阅读服务属于介入式服务，通过介入读者的阅读行为和过程，影响读者进行阅读选择等也属于高校图书馆阅读推广服务的范畴。因此，高校图书馆阅读服务的内涵包含了阅读推广服务和阅读借

阅服务,亦可延伸至高校图书馆管理人员与读者的交流,以及数字人文服务、数字信息资源服务等,只要视为高校图书馆读者服务的内容,都可作为阅读服务的研究重点。

高校图书馆阅读服务应将推进中华文化自信自强,铸就社会主义文化新辉煌作为阅读服务终极目标,高校读者阅读服务以提升全社会文明程度为己任。从广义来看,阅读服务是将阅读这种人类所特有的文明活动,以广泛践行社会主义核心价值观为高校阅读服务途径,冲破现实物理空间的局限,向更为宽广的阅读空间普及公众阅读、共享文明、宣扬文化的活动方式。从狭义来看,阅读服务是为大力推动全民阅读的理念而开展的多元化引导的各类阅读活动。

高校图书馆阅读服务是通过发挥图书馆或其他公共文化组织等推广主体的作用,融合社会参与力量,整合一切可利用的阅读资源,以各种具有吸引力的方式,引导人们的阅读行为和习惯,并在提升全民阅读意愿的过程中,从全民阅读向专业阅读转型,从而实现幸福阅读愿景,将高校阅读服务中所传递的社会记忆和文化传承,传递给社会和公众。高校图书馆是全民阅读中文化传承的重要载体之一。

三、阅读服务方法以及高校图书馆阅读服务的意义

中国式现代化是以人民为中心的现代化,全民阅读推广服务体系是实现文化强国的重要抓手,可在知识服务、阅读推广、文化自信和文明养成等方面推进中国式现代化。全国各级各类图书馆是全民阅读活动的核心力量、主要阵地和重要组织者,图书馆阅读推广服务体系具备完备的组织机制,在实践中形成了思路方法,也产生了成效影响,具有引领性和示范性。

(一)阅读服务方法

在实践服务中,笔者以为阅读服务方法主要有三种。

第一种是信息式阅读服务法。这类阅读服务的目的是增进图书馆帮助读者了解阅读资源情况。我们阅读报纸、广告、说明书等都属于这种阅读方法,向

读者推广其内容简介可以使用信息式阅读推广法。对于大多数这类资料，读者应该使用一目十行的速读法，眼睛像电子扫描一样地在文字间快速浏览，及时捕捉自己所需的内容，舍弃无关的部分。任何人想及时了解当前形势或者研究某一段历史，速读法是不可少的，然而，是否需要中断、精读或停顿下来稍加思考，视所读的材料而定。

第二种是文学作品阅读服务法。文学作品阅读服务法注重内容的推介，并辅之以阅读方法。文学作品除内容之外，还有修辞和韵律上的意义。因此阅读时应该非常缓慢，自己能听到其中每一个词的声音，嘴唇没动，是因为偷懒。例如读"压力"这个词时，喉部肌肉应同时运动。阅读诗词更要注意听到声音，即使是一行诗中漏掉了一个音节，照样也能听得出来。阅读散文要注意它的韵律，聆听词句前后的声音，还需要从隐喻或词与词之间的组合中获取自己的感知。文学家的作品，唯有充分运用这种接受语言的能力，才能汲取他们的聪明才智、想象能力和写作技巧。这种依赖耳听、通过眼睛接受文字信号，将它们转译成声音，到达喉咙，然后加以理解的阅读方法，最终同我们的臆想能力相关。

第三种就是经典著作阅读服务法。经典著作阅读服务法着重于作品本身和作者经历推广，其推广法主要用来阅读哲学、经济、军事和古典著作。阅读这些著作要像读文学作品一样得慢，但读者的眼睛经常离开书本，对书中的一字一句都细加思索，捕捉作者的真正用意，从而理解其中的深奥哲理。值得注意的是，如果用经典著作阅读推广法阅读文学作品，往往容易忽略文学作品的特色，会使读者自己钻进所谓文学观念史的牛角尖中去。

（二）阅读服务价值和意义

阅读服务价值和意义属于关系和实践范畴，存在于服务者（馆员）和被服务者（读者）之间个体精神世界的关系，也存在于服务者（馆员）和被服务者（读者）之间现实世界之间产生关联的实践活动，是客观属性与主体尺度之间的联系。阅读服务本身无法作为社会记忆而存在，只能作为阅读推广、信息推广、扩大阅读影响范围的途径，是践行社会文明、传承文化和实现社会记忆传播的方式，主要体现在服务性价值之上。

阅读服务价值的发挥需要借助书籍文献（包括真人图书）等现实载体或数字阅读媒体，向读者普及阅读，传播已存的社会记忆或个性化主体的记忆。从微观的主体感知而言，个体通过阅读服务传达或获取信息，满足知识需求和信息需求，丰富个体自身的文化储备。阅读服务以主题形式发起，将相同受众群体下的读者集中在一起，给他们提供可交流的空间，满足社交需求和情感需求，使得精神层面的归属感得到慰藉，在具体情境中寻求精神家园的可栖息之处，使其情感归属得以安放。高校图书馆阅读服务看似无形，实则有形，在服务中提升馆员或读者的知识层面和格局，对于提升社会整体素质有重要贡献。

以全民阅读为研究起点，高校图书馆阅读向全校普及知识文化、传达主流观点，培养良好的阅读风尚，提高全校读者文化修养，推动学习型社会和文化强国的建设，树立文化自信。践行社会主义核心价值观，大力推进全民阅读，提升全社会文明程度，在服务中潜移默化地增强中华文明的传播力和影响力。

第二节　高校图书馆阅读服务的价值分析

梳理我国全民阅读和阅读服务的发展历程，从国家文化战略视角研究以全民阅读为研究起点阅读服务的价值，基于全民阅读、阅读服务以及以全民阅读为研究起点阅读服务的价值等核心概念阐释的基础上，从增强文化记忆、强化身份认同和创设主题文化共同体等维度论证以全民阅读为研究起点阅读服务的价值表征，揭示以全民阅读为研究起点阅读服务的公益性理念和文化传承责任，为推进文化强国建设和文化自信夯实基础。本书基于文化视角对以全民阅读为研究起点阅读服务的价值进行探析，从文化的流动与传承对个体、群体以及社会所感应的文化归属进行价值分析，期冀为阅读服务现实活动的开展提供理论启示。

一、全民阅读发展进程

1972年，联合国教科文组织提出打造阅读社会，更好地促进世界和平融合。1995年，国际出版商协会提出开设世界读书日的构想，联合国教科文组织积极地采纳了，并将此后每年的4月23日定为"世界读书日"。全民阅读的概念就是由"世界读书日"演化而来的，"全民阅读"适时地反映了向往和平、追求文明生活的世界各国人民的初心与追求，世界各国政府纷纷响应全民阅读理念的号召，并将"全民阅读"计划纳入国家重点发展计划之中，各国图书馆以此为责任和使命，开始了践行阅读服务历程。

我国早在20世纪末就对全民阅读作出过相应探讨。1997年1月，由中央宣传部和文化部等多个部委共同发布《关于在全国组织实施"知识工程"的通知》中，提出了"倡导全民读书，建设阅读社会"。2006年新闻出版总署等11家部委共同发起《关于开展全民阅读活动的倡议书》，呼吁全民参与读书，广泛开展读书推广活动，提倡"终身学习"。2012年11月，党的十八大报告将"开展全民阅读"纳入社会主义文化强国建设的重要一环。

2016年3月，《"十三五"规划纲要》提出推动全民阅读，提高国民素质，为开展相关部署，国务院在2016年12月27日颁布《全民阅读"十三五"时期发展规划》，大力推进全民阅读，深入社区群众，保障基本阅读需求。2020年10月，中宣部印发《关于促进全民阅读工作的意见》，指出营造社会阅读氛围、号召社会各界力量共同参与全民阅读推广的方针，提升国民阅读水平。

2020年，党的十九届五中全会提出了到2035年建成文化强国的远景目标，此后国家不断出台相关的战略部署。2020年中央宣传部印发《关于促进全民阅读工作的意见》，明确到2025年基本形成覆盖城乡的全民阅读推广服务体系，将全民阅读服务的体系化建设作为基础性、全民性、先导性工作，注重全面建成小康社会后从物质到精神的转换途径，把阅读作为最基本的文化建设，以书香社会、书香中国建设助力社会主义文化强国建设。全民阅读推广服务体系建设可做可为、易做易为，有广泛的社会需求基础和认知共识，有良好而活跃的阅读服务组织，有丰富多彩并富有特色的阅读服务活动，能够有效落实和保障目标实现。全民阅读推广服务体系建设可以激活资源、提升效能，实现文化高质量发展。公共图书馆服务体系在区域空间的布局联通、时间上的 24 小时全时段服务、阅读服务活动的整合联动为全民阅读奠定了基础，也将在深化全民阅读进程中获得新提升与新发展。

2021 年 3 月，《中华人民共和国国民经济和社会发展第十四个五年规划和 2035 年远景目标纲要》指出深入推进全民阅读，提升文明素养，传承文化，建设"书香中国"。同年 6 月，文旅部发布《"十四五"公共文化服务体系建设规划》，指出以阅读为核心，迎合公众阅读习惯和新媒体传播方式，加强各界力量的联合，广泛开展全民阅读。2023 年 3 月 12 日的两会报告中，全民阅读再次作为国家战略工程之一被提及，并提出进行深入推进全民阅读的措施，这已经是自 2014 年以来第 10 次被纳入政府工作报告。可见，全民阅读一直被视为国家文化战略的重要组成部分，开展全民阅读，不仅能够推进社会记忆的传播与传承，而且可为学习型社会的建设和文化自信的树立奠定群众基础。

二、高校图书馆全民阅读服务现状

全民阅读与阅读服务存在紧密的联系，阅读服务是为构建全民阅读社会，达到人人读书目的所做的努力行动。

2005 年，中国图书馆学会提出成立科普与阅读指导委员会的设想，这被认为是我国自发进行阅读服务的起点，经过不断地努力完善，成立该委员会的设想在 2006 年得以实现，并丁 2009 年更名为阅读推广委员会。

推动全民阅读高质量发展中，进一步健全现代公共文化服务体系，才能让人民享有更加充实、更为丰富、更高质量的精神文化生活阅读，这也是获取知识、启智增慧、培养道德的重要途径，可以让人得到思想启发，树立崇高理想，涵养浩然之气。

数据显示，2021 年底，全国公共图书馆实际持证读者数量超 1.03 亿人，而在 2012 年，这一数据仅为 2484.51 万人。数以亿计的人选择走进图书馆，既是对公共图书馆服务的肯定和认可，也充分说明全民阅读蔚然成风。

最是书香能致远，中华民族自古提倡阅读。如今祖国大江南北、城市乡村，图书馆的覆盖更广、设施更美、服务更暖，人气也随之旺起来。这是社会发展阶段使然，也得益于科学规划的引领带动。党的二十大报告提出："深化全民阅读活动"，《中华人民共和国国民经济和社会发展第十四个五年规划和2035 年远景目标纲要》更是明确指出，"深入推进全民阅读，建设'书香中国'"。

自 2014 年以来，全民阅读连续 10 年写入《政府工作报告》。一系列重磅举措，共同助力公共文化事业和全民阅读事业加速推进。奋进新征程，进一步推动全民阅读实现高质量发展，健全现代公共文化服务体系，才能让人民享有更加充实、更为丰富、更高质量的精神文化生活。

推进全民阅读，需要全社会都参与到阅读中来，形成爱读书、读好书、善读书的浓厚氛围。推动全民阅读高质量发展，广大党员、干部是重要人群。传统文化中，读书、修身、立德，不仅是立身之本，更是从政之基。多读书，有助于明大道、修政德。阅读有益于提升干部队伍的知识水平和干事创业本领。广大党员、干部带头读书学习，修身养志，增长才干，也能助推全社会阅读风气的形成。

全民阅读习惯的培养，全民阅读氛围的营造，公共图书馆义不容辞、重任在肩。过去，人们想读书而找不见图书馆，进了图书馆而寻不到想看的书。如今，读者去公共图书馆借阅图书越来越便捷，一些地区还推出"线上借书、邮寄到家"服务，节约了读者的时间。

党的十八大以来，从中共中央办公厅、国务院办公厅印发《关于加快构建现代公共文化服务体系的意见》，到《中华人民共和国公共文化服务保障法》和《中华人民共和国公共图书馆法》相继制定施行，保障人民群众基本文化权益被摆上重要位置，现代公共文化服务体系建设被列为一项民心工程持续推进。对公共图书馆而言，应当将推动、引导、服务全民阅读作为重要任务。不断提升公共图书馆的覆盖面、吸引力和服务效能,对满足公众精神文化需求,提高公众科学文化素质和社会文明程度,将产生重要影响。

坚持以高质量发展为主题推动全民阅读,必须努力为群众提供更好的公共文化服务。现实中,已经有不少改革创新的成功实践。比如,一些地区把农家书屋纳入县级图书馆总分馆制建设,让村民在家门口就能借还县图书馆的图书;一些地区建设"城市书房""文化驿站"等新型公共文化空间,嵌入街头巷尾,提供优质服务;一些地区把图书采购权交给读者,读者购书、图书馆买单的模式"吸粉"无数。不断创新公共服务方式,加强数字化和网络建设,提升服务效能,必能推动全民阅读事业蓬勃兴旺发展,为全面建设社会主义现代化国家提供强大精神动力和文化支撑。

图书馆应成为公益推广阅读的主要部门。人们能够从阅读中获取知识、开阔视野、提升自身的文化素养,全民阅读服务可以推进文化强国建设,提升国家的文化软实力。目前对阅读服务的研究已经形成一定的体系,把图书馆阅读服务作为主要的研究主题,其典型的研究内容包括阅读服务及效果研究、读者类型及行为研究、阅读文化和文化共识研究、阅读服务的理论构建和阅读服务的建设途径,以及现存问题和应对措施,但对阅读服务的价值研究相对匮乏。以全民阅读为研究起点阅读服务的价值旨在激发并调动图书馆和其他公共文化服务组织开展、推广全民阅读的积极性,提升所有参与主体对阅读服务文化传承的正向预期。

高校图书馆阅读服务应将读者阅读率纳入服务评价指标之中。阅读率又称借阅率,指图书馆的每位读者全年平均所借文献的数量。用公式表示为:阅读率=馆藏文献全年借出总册数/全年读者实际借阅人数×100%。阅读率是衡量读者利用图书馆程度的重要指标。

我国高校图书馆为提升阅读率,开展了各类阅读服务活动。从北京大学、清华大学、中国人民大学、复旦大学、南京大学等高校图书馆年度阅读报告中可以看出,全民阅读的理念为高校图书馆阅读服务开展提供了广阔的发展空间,阅读服务方式日趋多样化,数字技术和智慧技术的出现使得阅读服务不再拘泥于线下活动，在冲破时空范围的情境下开展线上线下融合推广活动，其规模和范围都在不断壮大。以全民阅读为研究起点，阅读服务的公益性理念尤为凸显，其文化传承的责任更为重要，研究以全民阅读为起点的高校阅读服务的价值也更有意义。

三、高校图书馆全民阅读服务转型范式

高校图书馆开展阅读服务，可以为学校的专业教学与学术科研提供有力的信息资源支撑，并能增强读者服务工作的成就感和幸福感。我国很多高校早在2014年开始就坚持做好图书馆阅读服务年报工作，阅读服务年报显示，高校图书馆阅读服务工作与时俱进，不断提升阅读服务水平，不断创新高校图书馆阅读服务转型途径。

（一）北京大学图书馆2021年阅读服务年报

北京大学在2021年对阅读服务年报进行了全新改版。北京大学图书馆120多年的历史，承载了延续5000年的中华文明史，传承了历经2500年的典籍管理和利用史，珍藏了存世1600多年的重要古文献，具有深厚的文化底蕴。从京师大学堂藏书楼创立伊始，图书馆的服务就与师生的教学科研相生相息。图书馆通过为学生提供阅读辅导和阅读服务的方式，紧密服务学校立德树人的根本任务，推动以文化人、以文育人，努力推动中华优秀传统文化的创造性转化、创新性发展。

2022年，北京大学图书馆举办阅读文化节，在形式、内容和规模上均比往年的"世界读书日"系列活动有较大改进和提升：以"书香迢递，斯文在兹：共读《中华文明史》"为主题，举办一系列传承中华优秀传统文化的讲座、展览和文化体验活动，综合评选"未名阅读之星"，并于2022年4月发布《北京大学学生阅读报告》（2021）。

从2014年开始，北京大学每年发布年度月度报告。2021年的阅读报告全新改版。从北京大学年度阅读报告来看，图书馆服务的对象转向聚焦学生读者

这一核心群体；从基于分析图书馆的基础服务数据，转向多方搜集、了解学生的阅读习惯和阅读特点，力求更为客观、全面、立体地反映北大学生的阅读面貌和阅读风采。改版后的阅读报告主要包括两个板块：学生基本阅读情况、图书馆阅读服务创新情况。学生基本阅读，主要是学生阅读与课程相关的文献、教学参考书和课外自主阅读以及在图书馆借阅文献的情况。图书馆阅读服务创新，是图书馆在基础借阅服务之外，通过活动、展览、馆员和借助空间等方式进行创新，助力学生开展阅读的情况。对于学生基本阅读情况，除从图书馆的资源与服务数据中分析学生的部分阅读情况外，为了能够全面了解学生阅读状况，图书馆于2021年11月启动学生阅读调查工作，经过精心的调研、设计、测试和修正，2022年3月，正式面向全校学生开展问卷调查工作。调查采用线上问卷形式，共收到问卷6292份，其中有效问卷5009份，覆盖校本部全部院系和本科生、硕士生、博士生三个群体。此次问卷主要获取学生利用图书馆资源之外的阅读数据，并进行分析展示。调查得到了学生工作部、政府管理学院、马克思主义学院和计算中心的大力指导和支持。对于图书馆阅读服务创新情况，既保持以往对学生利用图书馆资源的行为数据进行分析的做法，又多角度呈现图书馆为学生开展阅读服务的基本情况。

（二）清华大学图书馆纸本图书2016—2020年借阅排行榜

2016年，清华大学采用了按类发布前5名和总借阅榜前10名两种形式。从总排名看，前10名除一本专业书籍《吉米多维奇数学分析习题集集解》外，其他为小说类，金庸小说占4席。

2017—2020年，均在次年4—5月间发布前一年总借阅榜的前50名，从图1-1中可以看出，近4年来，《毛泽东选集》均榜上有名。其中2019年、2020年蝉联第一，2017年排名第四，最低的2018年排名第二十七。

有意思的变化发生在2019年。经历2018年的低谷后，2019年不光《毛泽东选集》排名第一，《马克思恩格斯全集》首次进入前十，排名第六，《马克思恩格斯文集》也排名第十三。

	2017	2018	2019	2020
1	平凡的世界	明朝那些事	**毛泽东选集**	**毛泽东选集**
2	明朝那些事	天龙八部	给排水设计手册	**马克思恩格斯全集**
3	射雕英雄传	平凡的世界	清华大学史料选编	三体
4	**毛泽东选集**	笑傲江湖	邓小平时代	清华大学史料选编
5	天龙八部	倚天屠龙记	朱镕基讲话实录	全宋笔记
6	围城	侯卫东官场笔记	**马克思恩格斯全集**	人类简史
7	冰与火之歌	人类简史	中国碑帖名品	中国碑帖名品
8	倚天屠龙记	蒋勋说红楼梦	平凡的世界	平凡的世界
9	三体	白夜行	解忧杂货铺	**马克思恩格斯文集**
10	解忧杂货铺	围城	天龙八部	鹿鼎记
11	人类简史	朱镕基讲话实录	1Q84	大学物理学……
12	白夜行	射雕英雄传	读库	1Q84
13	笑傲江湖	1Q84	**马克思恩格斯文集**	白工录
14	资治通鉴	邓小平时代	巨人的陨落	倚天屠龙记
15	朱镕基讲话实录	柏拉图全集	理想国	席勒
16	巨人的陨落	解忧杂货铺	全宋笔记	**毛泽东文集**
17	浪潮之巅	读库	百年孤独	邓小平时代
18	鹿鼎记	嫌疑人X的献身	笑傲江湖	围城
19	嫌疑人X的献身	**马克思恩格斯文集**	科学革命的结构	吉米多维奇
20	美国驻台领事馆档案…	巨人的陨落	庄子今注今译	理想国
21	鱼羊野史	数学之美	围城	资治通鉴
22	挪威的森林	信号与系统	倚天屠龙记	百年孤独
23	理想国	神雕侠侣	乡土中国	中国工艺美术大师全集
24	信号与系统	吉米多维奇……	三体	笑傲江湖
25	全球通史	藏地密码	故宫画谱	天龙八部
26	数学之美	如何阅读一本书	第二性	白夜行
27	百年孤独	**毛泽东选集**	大学物理学	三松堂全集

图 1-1 清华大学 2017—2020 年纸质图书借阅榜

2020 年这一趋势继续得到加强，马克思、列宁、毛泽东的原著不光排名往上涨，数量也在增多。其中《马克思恩格斯全集》紧随《毛泽东选集》排名第二，《马克思恩格斯文集》进入前十，排名第九，而《毛泽东文集》第一次进入前二十，排名第十六。《毛泽东选集》中有着面对任何艰难困苦依然昂扬向上的乐观精神，更有着分析问题解决问题的方法。

第一章 高校图书馆阅读服务相关概念概述

(三)中国人民大学图书馆 2022 年借阅排行榜

2023 年 3 月 22 日,中国人民大学图书馆公示"读者借阅量排行榜",并将其张贴在图书馆告示栏中,引起众多学子围观。中文专业书借阅次数远超中文小说和英文书籍(见图 1-2)。

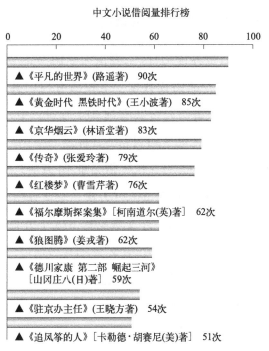

图 1-2　中国人民大学 2022 年中文小说借阅量排行榜

对于公示榜单的动因,中国人民大学图书馆指出是帮助学生提高对图书馆的认知。"现在校内读者对图书馆的发展只有一个模糊的印象,比如纸质资源和数字资源都在不断增加,但很多人可能根本不知道这些资源的存在,很可惜。同时,我们很想看看,人大学生都在看什么书,读了多少书。这些基本情况对图书馆的资源建设也有很大参考价值。此外,也可以借此激励、推动学生的读书热情。"

高校图书馆都应该做这样的事情，社会图书馆也应该关注人们的阅读行为。从这个榜单可以看出，严肃的、经典的文学作品并没有失去当下的大学生读者。通常人们也许认为大学生喜欢的小说会是金庸武侠或者言情小说，但从这次统计结果来看并非如此，值得注意的是，从此次榜单可以看出，中文专业书籍的借阅次数远超中文小说和英文书籍。高校图书馆的地位应该得到师生读者应有的尊重。

（四）暨南大学图书馆 2021 年度阅读报告

在 2021 年 4 月 23 日世界读书日，《暨南大学图书馆 2021 年度阅读报告》公布了学校图书馆师生读者的阅读数据。全校所有校区共有各类印刷性文献 474 万余册，其中校本部和番禺校区共有约 374 万册。中外文数据库 180 个，中外文电子图书 262.6 万种，电子期刊 5.2 万种。

校本部和番禺校区入馆 262 万人次。借书量 16 万册，借书人数 1.6 万人，人均借书 10 册。图书馆网站访问量 646.9 万次。全文数据库下载量 1698.4 万篇，其中中文数据库 1120.3 万篇，外文数据库 578.1 万篇。文摘索引等其他类数据库检索量 2218.8 万次，其中中文数据库 774.7 万次，外文数据库 1444.1 万次。微信粉丝 4.9 万人，图文消息发布 261 条，总阅览量 27.5 万余次，微信菜单栏点击次数 76.6 万余次。

图书外借排行榜如下。

中文文学类 TOP3：①《三体》，作者是刘慈欣，索书号为 I247.55/20111；②《明朝那些事儿》，作者是当年明月，索书号为 K248.09/20071；③《平凡的世界》，作者是路遥，索书号为 I247.5/8310（2）-4.2。

中文非文学类 TOP3：①《毛泽东选集》，作者是毛泽东，索书号为 A41/781.2；②《人类简史：从动物到上帝》作者是尤瓦尔·赫拉利，索书号为 K02-49/20151；③《新时代中国特色社会主义与实践》，作者是本书编写组，索书号为 D616/2021180。

外文书 TOP3：①《Medical Reports》（海关医报），作者是 Jamieson R A，

索书号为 R-092/E20163；②《The Translators Guide to Chinglish》（中式英语之鉴），作者是 Joan Pinkham，索书号为 H315.9/E20062；③《The Republic》（理想国），作者是 Plato，索书号为 D091.2/E20031-2。

（五）中国政法大学图书馆 2022 年度阅读报告

从晨光熹微到繁星点点，从暮霭沉沉到阳光明媚，中国政法大学图书馆与读者们一起走过了不平凡的 2022 年。

那一个个与书相关的故事，一直在延续。借阅、检索、访问、入馆，大数据记录着每位读者的历程。

让我们一起来看一下，这一年法大师生读者在时光中写就的图书馆年度数据吧。

读者借阅分类统计：图书馆全年借出图书 111105 册，还书 112336 册，续借 42220 次，合计流通次数 223441 次。

热门借阅图书见图 1-3 和图 1-4。

中图法法律类热门图书借阅前10名				
排名	题名	责任者及著作方式	索书号	借书次数
1	法理学	(美)E.博登海默著	D90/281	75
2	刑法学	张明楷著	D924.01/8[4]	64
3	法理学	(德)魏德士著	D90/141	58
4	法律的概念	(英)H.L.A.哈特著	D90/200[2]	57
5	联邦党人文集	(美)亚历山大·汉密尔顿，约翰·杰伊，詹姆斯·麦迪逊著	D771.21-53/1[2]	53
6	债法	刘家安，周维德，郑佳宁著	D923.3/28	48
7	中国法律与中国社会	瞿同祖著	D929/25	47
8	法治及其本土资源	苏力著	D920.0/406	43
9	政府论	(英)约翰·洛克著	D033/32	42
10	走入新世纪的私法自治	苏永钦著	D913.04/2	42

图 1-3　中国政法大学法律类热门图书借阅前 10 名

中图法非法律类热门图书借阅前10名			
排名	题名	责任者及著作方式	索书号	借书次数
1	论法的精神	(法)孟德斯鸠著	B565.24/2[12]	49
2	百年孤独	(哥伦比亚)马尔克斯著	I775.45/7	35
3	理想国	(古希腊)柏拉图著	B502.232/10[17]	34
4	法学论文写作	何海波著	H152.2/18	29
5	罗杰疑案	(英)阿加莎·克里斯蒂著	I561.45/201[2]	27
6	人世间	梁晓声著	I247.5/2720	24
7	笑傲江湖	金庸著	I247.58/77[2]	24
8	现代公司与私有财产	(美)阿道夫·A.伯利，加德纳·C.米恩斯著	F276.6/105	23
9	三体	刘慈欣著	I247.55/36	23
10	天龙八部	金庸著	I247.58/76[2]	23

图1-4 中国政法大学非法律类热门图书借阅前10名

（六）重庆大学2022年图书馆服务数据

2022年重庆大学图书馆全馆累计入馆137.19万人次；借阅图书21.59万册；图书馆主页访问次数326万人次，图书馆主页登录次数54万人次，科技查新报告471项，查收查引报告12115项，学科评价报告23项，专利分析报告22项。

（七）重庆文理学院2022年图书馆借阅数据

2022年重庆文理学院图书馆纸质图书年度借阅排行榜：

①《活着》，作者是余华，索书号为I247.5/221；

②《平凡的世界》，作者是路遥，索书号为I247.57/6732；

③《三体》，作者是刘慈欣，索书号为I247.55/133；

④《被讨厌的勇气》，作者是（日）岸见一郎和（日）古贺史健，索书号为B821/1264；

⑤《百年孤独》，作者是（哥伦比亚）马尔克斯，索书号为I7751.45/1；

⑥《许三观卖血记》，作者是余华，索书号为I391/1；

⑦《追风筝的人》，作者是（美）卡勒德·胡赛尼，索书号为 I712.45/486；

⑧《理想国》，作者是（古希腊）柏拉图，索书号为 B502.232/4656；

⑨《月亮与六便士》，作者是（英）毛姆，索书号为 I561.45/66；

⑩《十宗罪》，作者是蜘蛛，索书号为 I247.56/321。

从以上七所高校的年度阅读数据来看，读者的阅读选择呈多元化趋势，伟人著作较受欢迎，反映现实逆境生活的作品也受大学生追捧，《三体》类科幻作品同样受大学生欢迎。

第三节 阅读服务价值体现

以全民阅读为高校图书馆阅读服务研究的起点，高校图书馆的阅读服务包含了阅读推广服务与阅读间接服务，在高校，阅读推介有着其自身的重要价值体现，承担着文化育人、实践育人和服务育人的重任，高校图书馆自觉承担起社会记忆和文化传承的责任，才更能体现其公益性服务理念。在政府引领、社会参与和全民践行的共同努力下，持续优化全民阅读社会的建设。本部分从增强文化记忆、强化身份认同和创建文化共同体等维度来阐释以全民阅读为研究起点阅读服务的价值表征。

一、阅读服务增强文化记忆

文化记忆是人类记忆的外在维度，通过社会环境中的交互体验对个体乃至群体的行为经验进行引导，是在实践中持续获得的知识，也是在不同时代不断被重构的结果。

阅读服务以集体形式开展，借助文化符号，诸如文本、意象与仪式，向社会公众传播知识与文化形象，于阅读活动中学习、共享和记忆文化知识，促进集体共识的形成来确保文化传承的连续性，将其纵向传递给后人，引导过去进入现在与未来，以被记忆的形式再现，即通过历时性的手段构成共时性的记忆空间，形成对过去的集体理解和集体建构，这也在一定程度上揭示出人类能够历代相传并维持本质的原因。

超身体化的文化记忆通过各种文化交流媒介，以介体的传承在个体之间创设共同的经验范畴，从而进行知识的传播。阅读服务是身体化和超身体化文化记忆的融合，在线上线下、现实与虚拟的阅读空间中进行文化的传递，塑造整体性意识和特殊性意识，实现记忆在社会群体中的二次诞生，以便人们认知与交流，并基于现实情境的需要，有选择性地转化为对增强主体意识形态相关联并有价值的内容。

以全民阅读为研究起点，阅读服务依靠的媒介通常是社会化的信息材料，部分指向被记住的过去而存在。阅读服务在时间结构上跨度较大，不受世代记忆的限制，形成历时性的时间轴，以公众参与的实践探索推广活动的本质，进行读者座谈集体讨论交流，依托阅读围读仪式与文本内容，在共享阅读经历的前提下，与现实场景融合。阅读服务在突破物理空间的同时，以超时空的连接方式作用于参与主体，对过去的场景和人物形象进行重现，引导个体进行记忆再现，传播社会记忆并传承文化，充当激发主体进行感知的催化剂，给读者提供时空范围内的整体意识和历史意识，借此复原个体或群体的过去和历史记忆，加深个体对社会记忆的认识，使文化记忆得以延续和保存，以集体意识形态倡导民族文化，推动阅读文化事业的发展。

二、阅读服务强化身份认同

身份认同，从字面理解即对身份的承认或认同，对应的英文是 identity，其词义包括身份、特征与同一性等内涵。身份认同不仅仅是个人的心理反应，更强调个体或群体的社会属性，其形成依据源于个体对自我身份的认识，并通过与他人互动进行归类，判断是否属于自身的定位，而后再通过与群体中他人的互动进行身份构建。人际关系是建构身份认同的基础，个体由于成长环境和自身差异的不同，所寻求的身份认同是多样的，在与他人的互动过程中探寻集体身份认同的过程也相对复杂，受到自我感知、社会环境等多种因素的影响。

以全民阅读为研究起点，阅读服务放眼于全社会情景，在搭建更大平台的基础上，于集体阅读活动中塑造群体的阅读特性，创造社会良好的阅读氛围，在特定的文化语境中，确定群体在社会文化秩序中的角色，这是国家和全社会层面共同关注的文化活动，个体享受整个民族的公共文化资源所带来的益处，感受整个民族的文化氛围，在社会关系中不断进行身份建构，对集体的自我形象进行刻画，强化社会身份认同。

为应对个人成长中的自我认同危机，在身份认同的建构过程中，个体需要获取大量外界信息，进行自我观照、总结与思考。作为信息传播的一种方式，阅读服务能够给个体传达有效的知识和信息，从而影响个体的自我认知，借助获得的信息，通过他人的经历对个体自身的归属进行评判，进而达到调整和建构自我认同的目的。在数字智能时代，依托于网络媒体工具，逐渐形成读书小组、阅读社区等凝聚性阅读组织，这使得阅读变得更具互动性与共享性，数字阅读服务方式为个体寻求相应的阅读组织提供了更多的便利。另外，个体可以判断并认识群体的所属类别，将自身特性与群体特征相匹配，进行自我身份的识别和界定，获得自身体验的归属感和认同感，强化自我身份认同。

在以全民阅读为研究起点的阅读服务中，个体身份认同和社会身份认同的强化过程是相互促进的，个体在认识自身、进行自我身份认同的建构之后，在全民阅读氛围中感受社会身份认同，并于集体阅读组织中通过与他人的联系加强对自身的认识。

三、创建阅读服务文化共同体

文化共同体是基于相同的价值观念而形成的社会群体，在组织层面上表现为文化观念和精神追求相一致的统一整体，其形成依据是在社会实践过程中实现的价值观念的具体化，本质上是一种精神共同体。

以全民阅读为研究起点，阅读服务以主题形式发起，紧扣我国传统文化，通过融合线上线下普适性的多元引导阅读活动，吸引读者广泛参与，阅读的过程在于从中感受文化并与文本或其他形式载体所赋予的文化底蕴进行交流，以此完成社会记忆和文化的传递，是面向社会成员所共享的文化体验，通过历时性的传播实现文化的传承和延续，文化持续累积效应使得全民阅读成为文化建设中不可或缺的组成部分。

在践行全民阅读的过程中，阅读服务通过创造可阅读空间，将文化观念融入社会集体意识，给人提供价值尺度、认同基础和交流方式，通过文化视角影响人们认识世界的方式，并赋予个体文化身份和价值归属，对其进行自身意识的确立与定位，在社会成员的集体意识形态中达成共识并形成规范，创设具有相同或相似文化价值观的主题文化共同体。具体而言，针对不同的读者群体，阅读服务所开设的主题活动是多样的，在形式上构成多元化的主题文化社群，本质上共同体现出文化的同质性，并通过主题文化社群的作用，使得文化和社会记忆进行多次传播，以文化传承的流动性促进文化共同体的建设。

第二章
高校图书馆阅读服务的传承与创新

"新时代十年的伟大变革""一系列变革性实践""历史性变革""广泛而深刻的经济社会系统性变革"……"变革",即为创新,是党的二十大报告中一个令人瞩目的关键词。正是在不断地变革中,中国共产党带领人民应对复杂多变的形势和挑战,永不僵化、永不停滞,以识变之智、应变之方、求变之勇推进马克思主义中国化时代化,不断从胜利走向新的胜利。

我国高校图书馆只有秉承"引领""无我""坚持""变革""自主""发展""统筹""奋斗""团结""贯彻"党的二十大精神,才能与时俱进,为读者做好阅读服务工作。

第一节　建设新时代高校图书馆阅读服务体系

在高校图书馆阅读服务工作中,要紧紧围绕人才培养这个关键点,加强学科体系、教学体系、教材体系、管理体系的阅读服务。在阅读服务中,突出习近平新时代中国特色社会主义思想政治工作体系的特点,为培养高质量专业人才,从传统文化、世界文明、经典作品的视角出发,开展高质量的阅读服务。

一、目前国内外研究现状和趋势

公共图书馆阅读服务研究。自 2010 年以来，王余光、徐雁、吴晞等关于图书馆阅读服务的研究，使得图书馆阅读服务研究成为我国图书馆学理论领域中最活跃、影响力最大的研究领域之一。王余光、徐雁、吴晞、范并思等认为图书馆阅读服务是"全民阅读时代的阅读服务"，是"具备教育性、干预性的阅读服务"，其终极目标是"为阅读鸿沟一端的阅读匮乏者提供阅读服务，要真正做到为所有人服务"。这些基本观点和主张得到图书馆学界的一致认同。

高校图书馆阅读服务研究。近年来，我国学者和基层馆员注重高校图书馆阅读服务理论与实践研究。陈进等总结出了 49 个高校图书馆阅读服务案例，从中反映出高校图书馆馆员的智慧，表明高校图书馆馆员对阅读服务工作应有细致归纳和独特思考的过程。刘时容将农业推广的理论、原则、方法、模式引入阅读服务，为高校图书馆阅读服务提供了新思路。孔瑞林对高校阅读服务活动实践分析，探索阅读服务体系和阅读与大学通识教育之间的关联性问题。陈幼华从基础性理论和方法体系两方面，创见性地构建起多维度的阅读服务方法框架。朱原谅构建了高校经典阅读工程建设到"五维一体"大学经典阅读体系。刘洋强调高校图书馆阅读服务，特别是对于研究型大学应着重于高层次、专业性的信息服务等多维度阅读服务的思路。李明阐述了阅读服务理论思想的发展历史和阅读服务工作的实践历程。王韫梅致力于探讨高校院系资料室如何在高校图书馆阅读服务中与时俱进、推陈出新。杨新涯等学者专注于高校图书馆阅读服务转型研究的论文，对当前高校图书馆阅读服务的理论支持及实践发展大有裨益。

二、打造高水平大学的阅读服务环境

在建设中国特色社会主义高水平研究型大学和高水平应用型大学时，高校打造了不同的阅读服务环境。

高水平研究型大学要发挥基础研究深厚、学科交叉融合的优势，成为基础研究的主力军和重大科技突破的生力军。其在给新时代高校阅读服务工作提出了新要求的同时，也给高校图书馆适应当前科研环境变化指明了新发展方向。随着新时代科研项目数据的日益增多，为了实现阅读数据共享，其数据中心需要更加规范地存储数据，这就给图书馆工作人员的数据管理提出了高标准的要求，也为高校图书馆适应阅读服务环境变化提供了新机遇。

高水平应用型大学是指成为国家竞争力的助推器、区域技术研发的策源地、企业创新的人才库和技术革新的思想库的应用型大学。建设思路是：推动具备条件的普通本科高校向应用型转变，适应国家经济社会发展需要，加快推进配套制度设计，制订应用型高校设置标准，引导高校面向市场主动调整专业设置和资源配置。

打造一批高水平应用型大学，促进地方产业和高校双转、经济社会和教育发展双赢。

未来高校图书馆阅读服务的研究对象将更加广泛，服务需求将更加多元化，服务要求将更加精准化，服务过程将更加系统化，服务手段将更加规范化，服务周期将更加持久，以更好地服务于高校图书馆读者的阅读需求。

三、提供高质量阅读科研文献馆藏服务

新时代的高校图书馆转型发展必然需要大力依托阅读服务、大数据挖掘、元宇宙等新技术为科学研究提供知识挖掘、文献信息发现和数据挖掘分析等服务，为阅读服务提供科学研究依据，为阅读服务提供充分的数据支撑。

具体而言，高校图书馆要借助新技术，完善储存、收集、组织、发布、共享阅读服务数据，最大限度地满足广大读者对阅读服务数据的需求，进而为高校读者的专业学习和科学研究提供强大助力。一方面，随着当前高校的各类科研项目的日益增加，为了避免数据管理出现混乱，很多高校开展了文献资料整合储存服务，储存后便于共享阅读，这就需要有计划地提交管理原始数据。另一方面，为了防止学术不端，业界都要求学者在发表科研成果时必须提供基础

的原始数据。这两方面都迫切要求高校图书馆必须借助大数据技术的东风走转型发展的道路。从这两方面也可以看出，高校图书馆拥有充足的知识信息资源是服务阅读创新的保障。因此，高校图书馆首先要了解国内外关于科研管理服务的相关政策，充分评估此类政策对科研活动产生的影响，以及如何将其贯彻落实到图书馆服务中。另外，高校图书馆要详细了解重要出版商、相关数据中心及科研资助机构对高校图书馆服务的具体需求，为图书馆阅读服务的转型发展，为适应研究型高校和应用型高校的专业读者需求，提供有针对性的方向性阅读指导。

四、构建精准的馆员育人服务体系

在我国高校，每一个工作岗位都有着育人的责任，高校图书馆管理员也肩负着教师的职责，应在阅读服务中起到育人的示范作用。图书馆员在馆内的一举一动都代表着图书馆的形象，并且给到馆的读者带来影响。所以，提高馆员职业素养和专业技能尤为重要。

特别是应用型大学图书馆应积极开展职业素养教育，探索适合应用型大学图书馆发展的策略，从提升读者专业阅读水平的角度，积极探索提高学生职业素养能力的方法。建立提高馆员职业素养和专业技能机制，夯实馆员专业技能是图书馆稳步向前发展的基本保障，定期对馆员进行业务学习、业务交流、业务培训，不断提升馆员专业技能。建立馆员规范业务用语、举止行为、服务礼仪、着装等方面机制，以保证馆员做到自觉遵守职业道德准则，提供专业准确的服务和得体的言谈举止，树立良好图书馆形象。馆员与学生直接接触，能从学生处直接接收到反馈信息以及直接需求，是图书馆的智能移动态势感知点，因此加强馆员职业素养是应用型图书馆开展此项工作的前提，也是基础，以图书馆员为点，做到以点带面，以面带全，带动到馆学生的职业素养意识，促进大学生职业素养教育的发展。

第二节　区域国别学与阅读服务融合

如何将阅读服务融入学科服务中，有效地提升读者的学科素养，一直以来笔者以此问题为导向，展开了近30年的阅读服务行动研究，运用伦理学原理中幸福观原理，将全民阅读理念植入学科阅读之中。区域国别学是多学科相融合的外语新兴学科，各大高校尚在探索之中。将所从事的工作与最前沿问题紧密相连，实现职业服务于学科教育，着眼于未来发展，是高校从事外语教学服务者的主要任务之一。

2023年3月5日，第十四届全国人民代表大会第一次会议上的《政府工作报告》提出，"深入推进全民阅读"，这更加有力地强调了全民阅读对传承中华文化、提升文明的重要性，彰显国家层面建设书香中国的决心，也为高校阅读服务工作者指明了研究方向。

一、相关概念和研究意义

我国区域国别学的建设是以中国式现代化全面推进中华民族伟大复兴的"大国之学"，是在国别区域全球知识创新和人才培养领域推动形成中国的世界观、世界的中国观、未来的全球观，增进国际理解，推进构建人类命运共同体的"全球之学"，是以学科融合、中外融汇、古今贯通、知行一体为特征，构建学科发展新生态的时代之学。

（一）区域国别学

区域国别学是一个国家在全球视域下对域外世界知识体系的建构，其重要的使命担当就是直接服务于国家的治国理政，它的学科任务是科学研究和人才培养，而其使命担当在于咨政服务和智库建设。

（二）阅读服务

阅读服务是指图书馆或其他文化部门开展的以培养公众阅读意愿或阅读能力，促进公众阅读行为的实践教育服务。阅读服务能够提升公民的阅读水平，开发智力，汲取精神营养，传承民族文化，同时把阅读看成公民享受教育权利、参与社会活动、消弭教育鸿沟、调节家庭关系、关心弱势群体的重要手段。

（三）研究的意义

建构国别学与外语学科阅读服务融合研究进程的理论体系，从而推进我国高校图书馆阅读服务研究的拓展和深化奠定学理基础、厘清研究框架。对高校图书馆阅读服务实践进行梳理、概括和总结，力图提炼和归纳其中带有规律性、普适性的总结，从而为促进我国高校图书馆阅读服务工作提供有益的参考和借鉴。

从宏观视角来看，二者关联不大。从微观角度考量，二者之间关系密切。区域国别学只有增强阅读实践，才能真正着眼于未来的发展，将元宇宙观融入区域国别学的阅读推广服务中，有利于外语学科的长远发展。

二、区域国别学研究现状

改革开放以来，我国的国别与区域研究不断发展。新文科建设的积极推进为交叉学科的发展提供了机遇，各个学科之间的边界和学科体系中的固态思维模式被逐渐打破，使交叉学科的研究成果有机会在新一轮科技革命和产业变革的进程中发挥促进作用。国别与区域研究具有交叉学科门类的特征，能够弥补长期以来我国学界对域外了解不够深入的情况。如果作为一级学科来建设，既需要足够的现有学科支撑，又需要重新思考研究对象、研究内容、研究方法等方面的交叉，从而设计合理的二级学科框架。同时，国别与区域研究的学科建设还应该涵盖人才培养、平台建设、智库建设、对外交流等重要的具体内容。

此外，还应该坚持理论与具体实践相结合，既要向书本学习，又要向社会学习，其中包括向其他国家学习成熟的建设经验，以及在研究对象国、地区进行充分的社会体验与调研，进而培养"既是通才、又是专才"的学术团队，打造有中国特色的优秀学术成果。

（一）国家政策层面

钱乘旦教授概括区域国别学为四个方面：第一，要有明确的地域意识，学习或研究的对象是一个国家或一个地区。第二，对这个国家或地区的各种知识有比较全面的了解。第三，他们掌握对象国或地区的语言，能够用当地语言阅读、交流，从而得到最直接的信息。第四，研究者在当地生活过，有直接的生活体验，能够把书本知识和实践知识结合起来。在这些知识、能力的基础上，他们对这个国家或地区的某一领域（比如经济、社会、文化等）进行专门研究，成为这个领域的专家（经济学家、社会学家或文化学家等）。可见，这样的人是现有任何一个单独的"学科"都无法培养的，需要新的学科平台，这就是区域国别学。

区域国别学是新生学科，现有研究已触及强国战略。2017年，国务院学位办发布的《学位授权审核申请基本条件（试行）》对外国语言文学学科方向进行了调整，规定外国文学、外国语言学及应用语言学、比较文学与跨文化研究、翻译学、国别与区域研究为外语学科五大学科方向。

2018年教育部发布的《普通高等学校本科专业类教学质量国家标准》中的"外国语言文学类教学质量国家标准"规定，"外语类专业是我国高等学校人文与社会科学学科的重要组成部分，学科基础包括外国语言学、外国文学、翻译学、国别与区域研究、比较文学与跨文化研究，具有跨学科特点。"世界史是"区域国别学"人才培养的一门必修课，不学世界史，尤其是不学习对象国或对象地区的历史，就培养不出"区域国别学"人才。

2022年9月，国务院学位委员会发布新版研究生专业学科目录，其中在新设的"交叉学科"门类下设"区域国别学"一级学科，引起社会广泛关注。

这个学科的设置是在我国迅速走向世界、日益扩大国际影响的大背景下进行的，体现着国家的战略需要，社会各界对此有强烈反响，很多高校也开始布局。

（二）研究机构初具规模

目前，中国已经初步建立起了国别与区域研究体系，该体系主要由以下四类机构构成：第一类是独立研究机构，如北京大学的国别区域研究院等；第二类挂靠在社科类学科系，如南开大学美国研究中心等；第三类挂靠在外国语言文学学科系，如西南交通大学的美国研究中心等；第四类是设有国别与区域研究方向的外国语言文学学科系。当前大部分高校特别是知名高校的外语学科系都已设立了国别与区域研究方向，成为我国国别与区域研究体系的重要组成部分。还有很多知名高校已经建设了针对区域国别学的学科馆藏室。

（三）跨学科研究

"国别区域学"是个跨学科领域，它需要多种知识来源，不仅涉及人们一般都会提到的政治、经济、社会这样一些大的概念，而且涉及更具体的各方面知识，比如环境、地理、气候、植被、矿产、水源、技术、人口、宗教、习俗、体育、艺术，以及（非常重要的）人的心理状态、思维方法、行为模式等。近年来，在教育部的大力支持下，很多国别与区域研究机构纷纷在中国高校揭牌成立。区域国别学涵盖各学科领域，亟须高校图书馆建设多学科研究的区域国别学研究室，为跨学科研究做好阅读准备。

三、提升阅读推广服务广度和深度

适时提升阅读推广服务广度和深度是区域国别学研究中的难点和重点，区域国别学学科的研究，为高校图书馆界阅读服务工作注入新的活力，加大对区域国别学学科阅读的宣传力度，让人们了解到学科阅读中的人文精神和价值取向。

外语学科的阅读推广服务广度研究可谓"牵一发而动全身",必然会遇到很多新的问题和挑战。而且区域国别学在外语学科中的调整历时尚短,各个高校图书馆的具体情况又各不相同,国别与区域研究阅读服务的具体落地还需要一个精准的研究过程。因此,对于如何推进外语学科下国别与区域学的阅读服务研究,仍需要不断地思考与行动。

(一)精准的服务模式

2023年是"一带一路"倡议提出10周年。近年来,"一带一路"建设的持续和深入推进,为深化区域国别学研究提供了理论扎根实践的土壤。与此同时,区域国别学学科建设也将为"一带一路"高质量发展提供学理支撑。高校图书馆加大区域国别学精准的服务模式,有利于为共建"一带一路"提供有力的学术支撑。

各高校外语院系应结合自身实际选择合适的国别与区域研究发展策略。例如,东北地区高校的外语院系可以进行东北亚研究,京沪高校的外语院系则可以凭借其国际化都市的区位优势进行大国研究。各高校外语院系应结合自身实力,与其他高校的国别与区域研究实行错位发展,形成错位互补的布局,不做同质化竞争,这样既有利于自身发展,也可以更好地满足国家的战略需求。全面理解图书馆专业化对阅读服务的要求,完全有可能按照专业化建设的要求,理顺区域国别学中阅读服务的组织形式、业务流程、服务资源、目标人群、绩效评估等业务活动,推动阅读服务的专业化建设。精准的阅读推广服务模式有助于区域国别学的学科精准发展与深入。

(二)精准的读者定位

读者的知识阅读内涵主要有资源获取、效率提升和场景选择3个层面的需求。与研究机构与读者的关系相比,图书馆与读者间的关系更为紧密,图书馆不但可以有效满足其在资源获取方面的知识需求,在读者知识阅读需求的效率提升和场景选择方面亦大有可为。馆员可针对广泛的学术群体进行阅读服务活动，开展与区域国别学相关的阅读推广活动，增进读者对学科的深入了解。始终保持馆员与读者的良好互动沟通，开展读者幸福阅读指数调查问卷，开展调研，推介区域国别学研究数据库和电子期刊等网络资源，及时关注学科读者在文献资源上的需求、资源数据库使用等方面遇到的难题，针对性地予以解决，使图书馆学科阅读推广服务成为区域国别学研究的重要资源平台与网络资源引领者。近年来，国内高校图书馆纷纷购买国别与区域研究相关的学术资源，如北京大学图书馆购买了 AMD（Adam Matthew Digital）、Readex、Pro Quest、Gale 等著名档案数字化公司提供的来自英国外交部、大英博物馆、美国国家保密档案馆等权威机构的原始档案，并通过微信公众号等新媒体平台进行宣传，希望它们能够为研究者们提供更好的研究支持。

秦亚青指出，中国对一些地区和国家的事实性知识阅读和了解还处于高度缺乏的状态。"就目前中国区域国别研究而言，高质量的描述性知识产品依然远远不能满足学科的需要"这种"描述性知识产品"实际上正是外语学科所擅长的。在这种情势下，外语学科要抢抓机遇，根据市场需求与自身比较优势提供相关国别与区域知识阅读产品。在当前国别与区域研究成为外语学科的背景下，高校外语院系可以根据自身的地缘优势，加强对某一国家/区域的研究，为其学科读者精准定位阅读馆藏，这样既可以发挥外语学科自身发展所需的优势，又可以加强高校的社会知识服务功能，形成科研行为与全民阅读行动的良性互动，实现学科与阅读服务的"双覆盖"。

（三）精准的阅读习惯

保持良好的阅读习惯有助于人类健康，在人类生存质量中，良好的阅读习惯具有积极意义。

区域国别研究作为新兴的研究领域，不仅是外语学科内涵的延伸和拓展，也是对接国家需求、服务国家战略、寻求学科发展新的增长点的学科使命。区域与国别的关系、区域研究与国别研究的关系、区域的建构性、区域研究的特性模式与宗旨等问题，是区域研究的基本理论问题。培养学科读者精准的阅读习惯尤为重要。"区域"作为一种研究领域，与"国别"有所不同，区域既是客观存在，更是主观建构，具有宏观性、整体性、立场性的特征。区域研究既有跨学科、超学科的特性，又要靠"区域＋学科"这样的研究模式来体现，从而形成区域文学、区域史学、区域哲学、区域政治学、区域经济学等一系列分支学科。区域研究的根本宗旨是建构区域的"共同历史""共同文化"，乃至"区域共同体"，尤其是文化共同体和审美共同体；它还作为"东方学/西方学"下的一个次级概念，将各种具体的区域研究统御起来，并在"国别研究→区域研究→东方学/西方学→世界体系研究"这一学科序列中明确地定位与定性。综上所述，养成精准的区域国别学研究阅读习惯是阅读服务工作者的重要任务。

在实践调查中探索新的研究方向，为研究学习者提供有效可行的专业阅读路径，是正确开展区域国别学专业研究的方法之一，将区域国别学理论与高校阅读推广服务研究融合起来，会产生很明显的专业知识提升效果。我国的全民阅读推广服务已经上升到国家文化发展战略的精准层面，阅读推广服务者需要在内容上不断提供加强研发的知识，也应进一步提供推广的策略，与区域国别学研究者共同为新兴学科人才服务。

在阅读推广服务中，加强国别与区域理论知识传播，积极用中国语言阅读分析各国文化知识，将中国传统文化、阅读文化等和国别与区域理论融合，真正实现高校专业阅读推广服务的"阅读育人"的服务宗旨。

第三节　新时代高校图书馆阅读服务路径

一、观念更新、定位明确，树立阅读服务理念

高校图书馆要树立坚定的阅读服务理念，推行"全民阅读"国策，必须从根本上更新观念、明确定位，不断提高高校图书馆阅读服务的覆盖率。

第一，高校图书馆从负责人到管理员都要深刻认识到阅读服务的重要性。对图书馆而言，阅读服务开展的质量高低，是提升高校图书馆利用率的关键所在，也是最能提升学校师生科研能力和专业水平的基础场所。

第二，高校图书馆要在阅读服务的过程中进一步明确自身定位，协调多方发展，在广泛调研阅读需求的基础上积极推进与政府、情报机构、阅读服务机构等各类部门之间的合作，主动承担起阅读服务的数据管理、活动组织、资料保存、质量监控和读者素养培训的职责，在服务过程中，潜移默化地高质量地提升高校图书馆阅读服务的管理人员与服务对象的整体素养。

第三，"他山之石可以攻玉"。高校要大力学习诸如复旦大学、武汉大学、北京大学等高校图书馆在阅读服务方面的成功经验，并将其运用到本校图书馆阅读服务工作中。

第四，高校图书馆要加强与各院系、研究生院等部门的协同联动，就阅读服务数据共享、保存等要求达成一致；与各院系从事专业阅读教学研究的专任教师保持合作，以加强专业阅读数据素养指导和教育。

二、加强高校图书馆馆员队伍建设，大力提升阅读服务能力

为了提升图书馆的阅读服务能力，高校图书馆必须加强馆员队伍建设，特别要加强阅读服务馆员队伍建设。

第一，高校图书馆要在明确馆员工作职责的前提下，加强阅读服务馆员队伍建设。馆员必须具备较强的阅读数据搜集与整理能力，能借助服务软件对相关数据进行分析和监测，可以胜任阅读服务数据素养培训工作。这就要求数据管理员既要具备图书情报学等学科专业背景，又要具备数据挖掘与数理统计等方面的专业知识和技能。因此，高校图书馆要下功夫向社会招聘满足岗位职责要求的数据管理员。

第二，高校图书馆要培养具有图书情报学等专业背景和阅读服务数据素养培训经验的专业馆员，为他们提供定期深造、进修等机会，增加他们有关计算机大数据技术等方面的知识储备，为他们能够更好地服务科研打下坚实的基

础。例如，高校图书馆要对数据管理员定期开展有关数据储存、共享、分析及元数据处理等方面的数据管理专项技能培训，以提升数据管理员的数据管理水平。

第三，高校图书馆要采取多种方式全面加强数据管理员的专业化。例如，高校图书馆可以鼓励数据管理员积极参与到重大科研项目的设计和建设中，自觉成为阅读服务数据研究员，共同推动科研成果的创新，在实践中增强阅读服务数据管理的专业化技能，最终提升高校图书馆整体的阅读服务能力。

三、拓展阅读服务途径，加强阅读服务市场培育

进一步拓展阅读的服务途径，广泛搜集广大科研工作者的实际需求，是高校图书馆加强阅读服务的基本前提。

第一，高校图书馆要加强阅读服务，向科研单位的工作者主动推送阅读服务内容，搭建阅读服务的数字化平台，加强图书馆数据管理员与科研人员之间的协同合作，促进高校图书馆服务模式由传统借阅向深度阅读服务的转变。例如，高校图书馆可以依托网络媒体、网站在线咨询等渠道，做好阅读服务的宣传服务和渠道维护工作，不断拓展图书馆阅读服务的广度和深度，提升服务的及时性和有效性。

第二，高校图书馆培育阅读服务市场要立足当前阅读服务建设的成果，循序渐进地开展有目的、有计划的阅读服务。一方面，高校图书馆数据管理员要在现有阅读服务建设成果的基础上，认真分析现有读者对数据管理的需求，大力宣传新时代有关数据管理服务的新趋势，积极主动地参与到读者数据管理的工作中。另一方面，高校图书馆的数据管理员要充分利用项目会议、项目合作咨询等机会，积极与新读者建立阅读服务关系，充分发挥老读者在发展新读者过程中的桥梁作用，不断扩大读者范围。

第三，高校图书馆要为数据管理员提供更多参与有关阅读服务专业会议的机会，积极开展与图书情报学专家的合作和重点项目的宣传，扩大阅读服务的影响力，最大限度地激发服务需求，更好地培育阅读服务市场。

新时代的图书馆数据管理在服务阅读创新方面日益呈现出新的趋势和新的特点，这将在很大程度上加快各类图书馆的转型发展进程。在此背景下，我国高校图书馆为了更好地发挥服务科研的功能，必须全方位提升数据管理水平，大力实施个性化、专业化、信息化的阅读服务，促使高校图书馆在服务阅读创新的道路上越走越宽，最终推动高校图书馆事业持续、浅出地探索。

第三章

高校图书馆阅读服务读者幸福感研究

大学图书馆是高校的心脏，是一所高校的信息中心、文化高地、精神家园。关注大学生读者自我成长的内部需求，提供恰当的阅读服务环境和专业阅读指引，既符合大学生读者的个人发展需求，又有利于大学生读者阅读能力和幸福感的提升。帮助大学生树立科学合理的阅读观，提升大学生阅读兴趣，引导大学生学会正确阅读、幸福阅读具有重要的实践意义。

第一节 阅读动机、阅读行为、阅读兴趣与幸福感

在高校图书馆阅读服务中，将学生读者的阅读动机、阅读行为、阅读兴趣与幸福感进行研究分析，有助于推动高校图书馆阅读服务的转型与创新。关注其关系与发展变化，能更好地提升图书馆馆员的服务质量和专业阅读服务推介能力。

一、提升自主而有归属感的读者阅读动机

阅读动机是指推动人们进行活动的内部动因。其表现多种多样，大致可分为内在阅读动机和外在阅读动机两类。

内在阅读动机指为满足自己的求知欲和掌握知识去阅读。外在阅读动机指由于其他原因去阅读，如为得到好的分数、父母和教师的称赞、金钱的报偿，动机性质不同，阅读效果也不同。阅读的内部动机能有效地促进幸福感的提高，内部动机是获得幸福感的关键因素。

读者的阅读动机主要有：第一，审美和娱乐的动机，为了情感上的审美享受与精神上的愉悦、娱乐、消遣等目的而阅读；第二，求知与受教的动机，为了拓宽视野、增长经验与提高思想道德水准而阅读；第三，批评与借鉴的动机，批评家为了评论作品，作家为了学习创作技巧，一般读者为了提高写作能力，都属于这一类。

阅读动机，通常是由阅读者的世界观、阅读目的和人生价值取向所决定的一种真正发自内心的阅读欲望。正如孟德斯鸠所说："喜欢读书，就等于把生活中寂寞辰光换成巨大享受的时刻。"

高校图书馆通过高质量的阅读服务，能有效地提升大学生读者的阅读动机，形成积极阳光的阅读动机。通过激发大学生读者个体的阅读内部动机，与其共同在阅读中探寻阅读兴趣爱好，促进大学生阅读知识的提升和自我的成长。

一般是由消遣、学以致用、精神享受和好奇心这四个动机驱动着读者进行阅读。有学者在对外部动机内在化的转化机制与条件的研究中，得出较为一致的结论：自主、能力和归属。大学生个体自主通过阅读，自我的阅读行为更有归属感；通过阅读能更好地解决自身问题，提升应对各类问题的能力，避免更多的消极应付，减少负能量的形成。

二、大学生读者阅读行为分析

阅读行为是指读者在阅读过程中所产生的生理和心理活动的一种外在表现形式。阅读行为通常由读者、读物和作者三个要素组成，是达到阅读活动目的和取得阅读效果的手段，其实现过程是读者对文献中的信息符号和信息内容的感知过程。阅读行为具有强烈而鲜明的个性色彩，是一种个性心理特征的表现。大学生的课外阅读是个体的自主阅读行为，阅读兴趣是个体开展阅读行为的关键因素。

追求进步是大学生最宝贵的特质。强国时代青年生逢中华民族发展的最好时期，拥有更优越的发展环境、更广阔的成长空间，面临着建设新时代的人生际遇。

"乘风好去，长空万里，直下看山河"，强国时代青年刚健自信，胸怀天下，担当有为。他们积极主动学理论、学文化、学科学、学技能，追求高质量发展，文化视野更加开阔，见识阅历更加广博，普遍追求更有高度、更有境界、更有品位的人生可能。青年的高质量发展追求反向重构着青年的高质量阅读，青年的阅读行为正在悄然发生着变化。

中国青年阅读指数，大数据观测青年阅读偏好，追踪青年阅读行为，把脉阅读潮流，预测阅读风向，研判青年思想动态。2022年中国青年阅读指数大数据显示：新时代中国青年在阅读领域不仅增强了主动性，更增强了自信心、专业性、自主性，新时代青年阅读行为正在发生新的变化。

（一）大学生深度阅读开启"探源式"

一项中国青年阅读指数监测显示，中国青年阅读需求指数在文学阅读域、生活相关阅读域、自然科学阅读域等一级阅读领域均呈现上升趋势，尤其在小说阅读域、散文随笔阅读域、国学阅读领域等二级阅读领域呈现大幅上升趋势。为更为精准地研判青年阅读变化，本期指数解读重点对"小说""心理学""经典""历史""哲学""政治""社会学""经济""管理"等数值较高的三级阅读领域开展溯源分析。

在对三级阅读域进行溯源分析中发现，政治阅读域有《毛泽东选集》《邓小平文选》《习近平的七年知青岁月》《共产党宣言》《家庭、私有制和国家起源》《1844年经济学哲学手稿》，国学阅读域有《道德经》《史记：文白对照》《论语》《周易》《诗经》《古文观止》，哲学阅读域有《中国哲学简史》《理想国》《传习录》《沉思录》。原典类（经典或对经典作品的解读、归纳）阅读成为青年群体的阅读主流，表明青年群体正在进行自我认知体系内的探源工程，青年群体不再依赖二手知识，盲从既定结论，青年群体正在通过全面追溯原典，培根铸魂，厚植文化底蕴。

在小说阅读域中，《人世间》《人生海海》《三体》《生死疲劳》《活着》《遥远的救世主》等指数数据贡献度较高，高居青年阅读榜单前列，区别于以往的公版书、教辅书、外版引进书霸榜的现象，国内原创图书占比明显提升，大学生群体对原创图书的阅读热情明显提高。

在心理学、社会学、经济、管理等阅读域中，原版引进书依然占据重要比重。对原版书的数据监测发现，当代青年不仅读原版引进书，更有直接读原版书趋势。随着青年素质教育的全面提升，跨语种阅读对不少青年来说早已不是障碍。青年阅读向原典类、原创类、原版类开启"探源式"阅读，探寻文化之源，夯实思想之基，回应时代之需。

（二）大学生内容阅读偏好"轻学术"

这项中国青年阅读市场映射指数还显示，教育、历史、经济金融管理阅读域数据均呈现上升趋势，哲学及社会科学阅读域数据保持平稳。结合指数变化，对相关阅读领域进行内容溯源分析，观测指数变化背后的普遍性规律。

根据这期数据溯源分析，发现在各三级阅读域中，指数数据贡献度较高的标签对应的相关图书，诸如哲学阅读域中的《刘擎西方现代思想讲义》，政治阅读域中的《一篇读罢头飞雪，重读毛泽东：从1893到1949》《觉醒与超越：中国共产党与中国式现代化》，法律阅读域中的《法治的细节》，艺术阅读域中的《大话中国艺术史》，历史阅读域中的《万历十五年》《大唐二十一帝》《半小时漫画中国史》，心理学阅读域中的《人类的自我发现之旅》，经济阅读域中的《置身事内：中国政府与经济发展》等，其本身不仅成为各自分类中的畅销书，还受到青年群体热议。

结合这项指数报告，综合分析图书文本，不同分类的图书畅销背后存在一致性特征，均具有"轻学术"特性，叙事逻辑严谨，风格轻松，兼顾知识性和趣味性，既不失学术深度和专业水准，又容易被大众读者理解。

青年阅读偏好发生这种转变的深层原因是社会生产力发展到一定阶段的必然结果。大数据、人工智能、5G时代迅猛发展，青年群体获取信息的速度与广度远超以往，青年群体需要更快、更高的学习效率，同时要兼顾更深、更厚的知识沉淀，专业性与趣味性兼顾的"轻学术"内容是必然选择。

（三）大学生系统阅读重视"元认知"

元认知是心理学家约翰·弗拉维尔❶提出的观点，即对认知的认知。元认知认为，个体在凭短时记忆处理信息时，对自己认知的认知，以及监控自己认知活动的内在心理过程。其在教育心理学上具有特别的意义，学到认知策略以自行求取新知识。中国青年阅读指数对阅读域标签进行关联分析，分析结果发现大量阅读域标签之间存在强相关性，关联阅读普遍存在于青年阅读的目标图书之间，产生了一种非线性的网状阅读结构。

深入分析阅读域标签背后显现的网状阅读结构，当代青年系统化阅读的行为也得以呈现，当代青年系统阅读集中在多个关键兴趣节点，并自觉由点及面，辐射散发为网状结构。这也表明热门主题的不同品种图书被同一类人群广泛阅读，青年阅读遵循"兴趣图谱"，并对兴趣领域进行深入研究，交叉验证。这也为阅读服务提供思路，在策划热门选题上，应进行横向和纵向的密集开发，形成具有一定体系的系列图书，满足青年读者全面系统阅读的需求。

这和当前信息化时代催生的碎片化阅读、网络阅读有关。碎片化阅读已经是青年获取信息的重要来源之一，但却不被青年认定为可靠信息源，碎片化阅读、片段式学习被青年群体定义为知识体系的节点。但可靠信息源的获取，青年群体更多通过严肃阅读、专业典籍的系统阅读来实现，他们极为重视自身知识体系的客观性、专业性，崇尚科学精神、专业精神，包容开放，兼收并蓄。

强国时代青年充分认识到当今世界正经历百年未有之大变局，我国正处于

---

❶ 约翰·弗拉维尔，美国发展心理学家，因其关于儿童认知发展的研究和著作而闻名。

实现中华民族伟大复兴的关键时期。青年追梦正当时,在大有可为、大有作为的新时代,青年正铆足干劲,在碎片化信息中自觉完善知识体系,在各自的奋斗领域自觉增长才干。

时代奋进的号角再次吹响,这次我们迈向的是伟大复兴的新征程,现代化强国的远景目标就在眼前。如何担当时代重任,通过阅读可以发现,强国时代青年内心早已有了答案。

民族的未来在青年,引领青年形成热爱阅读的良好社会氛围,高校图书馆阅读服务需在未来着力加大"轻学术"图书的推广。

大学生基于阅读兴趣的内部动机,自主做出课外阅读的行为,有利于阅读能力的提升,更容易在阅读中产生共鸣和获得归属,最终实现幸福感的提升。可见,合理把握和引导大学生对课外阅读的兴趣,创建自由宽松的阅读气氛,有利于强化自我成长和情感抒发的内部动机,同时为阅读外部动机的内在化提供了可能的转化机制与合适的促进条件。

三、大学生读者的阅读兴趣的激发与养成

阅读兴趣有广义和狭义定义之分。广义的阅读兴趣是指读者对整个阅读活动的喜爱程度。狭义的阅读兴趣是指读者对某些学科文献或某种载体文献的内容表现出的一种自觉选择倾向。在阅读实践中,阅读兴趣是阅读动机的重要表现形式,它是阅读活动中最直接、最活跃的一项心理因素,对于维系注意力,增强理解与记忆,激发联想和创造性思维,唤起情感体验,都具有积极作用。阅读兴趣强化了内部阅读动机与幸福感之间的正向关系,说明阅读兴趣高的大学生具有更好的阅读动机和幸福感体验。

如何培养阅读兴趣,是现在高校图书馆忧心的问题。大学生不喜欢阅读,这不光是一个兴趣爱好问题,后期在学习中也会有影响。而且阅读是一件有意义的事,对大学生的成长有非常大的助益。

（一）营造氛围，激发兴趣

兴趣是最好的老师。对感兴趣的事物学生往往愿意接受，否则会出现排斥心理。

1. 营造幸福阅读环境，以述促趣

在阅读服务中，讲述馆藏资源，推介经典馆藏。特别是对刚入学不久的大学一年级的学生，用热情周到的讲述服务解除大学生对学校的陌生感知，学校图书馆应主动走近大学生读者，宣传图书馆阅读服务的宗旨和目标，并有计划地与专业教师协作，在课堂上宣传图书馆的阅读服务工作，提升阅读幸福感，激发大学生的阅读兴趣，从而实现馆藏阅读率的提升。

2. 创新精品推介活动，以评促趣

在传统阅读推介活动中，根据大学生的专业阅读兴趣，创新推介活动，通过阅读服务活动宣传馆藏资源，在经典阅读的基础上，创新推出"脑洞大开""科幻征文""真人图书""书法展示""名师讲书""名师品评活动作品"等大学生喜闻乐见的阅读推介活动，推动图书馆阅读服务的全校阅读，打造幸福阅读环境。

3. 开展推介活动有始有终，分享幸福阅读

开展阅读推介活动要做到有始有终，奖品证书要及时到位，及时肯定大学生的阅读兴趣，并根据大学生阅读兴趣推介符合大学生专业水平的馆藏资源，从高层次激发大学生的专业阅读兴趣，并做好作品展示推介活动，及时分享阅读兴趣作品，共享阅读幸福感。

（二）加强指导，保持兴趣

阅读兴趣高低决定了阅读幸福感的高低。阅读兴趣低的大学生读者更多采取阅读的外部动机行为，将阅读作为获取信息或社会认同的主要手段，追求物质满足，以阅读获取人际关系或社会报酬的目的，其幸福感也随之降低。阅读兴趣高的大学生读者更多地采取阅读的内部动机行为，将阅读作为提升精神追求、提升自己文明程度的有效方式，其幸福感就随着阅读大幅度提升。

已被激发的兴趣要长久保持并最终转化为良好的阅读习惯，必须加强对学生阅读指导，教授读书方法，让大学生保持阅读兴趣。

1. 指导选择适合的书籍

当学生有了读书的愿望，可以适时地向学生推荐一些适合他们阅读的读物，并根据大学生的文化基础、认知水平、学习实际、年龄和心理特点等因素，因人而异。重点引导他们阅读中文经典馆藏，这些作品大多通俗易懂、情节生动，符合大学生阅读兴趣，每学期定时请专业教师进行中英文讲解推介，激发大学生阅读兴趣。

2. 落实课内课外阅读计划

在服务中，根据大学生专业教学计划，推送教育部推介的适合大学生阅读的100本书，并做好作者、作品简介、出版年代等阅读服务工作。根据大学生英语水平的要求，分年级层次推介国外名校的经典作品，比如《哈佛大学通识课：改变你和世界的100本书》等，引导大学生阅读兴趣的正确方向，通过阅读，增强中华文明的传播力和影响力。

内部动机与外部动机在阅读行为表现上的差异性以及有效促进外部动机内在化的必要性，同时支持了自我决定理论的假设。阅读兴趣满足个体的自主需要，拥有较高阅读兴趣的学生在阅读过程中表现出深入浅出的探索投入，潜移默化地促进阅读能力的提升，最终体现对幸福感的归属。

关注和培养大学生的阅读兴趣，是强化大学生内部动机以及实现外部动机内在化的关键，也是提高阅读能力、养成终身阅读习惯、实现幸福感归属的有效路径。

第二节　阅读服务中大学生读者差异分析

大学生读者是高校图书馆阅读服务的核心对象，关注其阅读中的性别差异与城乡差异，有助于阅读服务的精准，拉近馆员与读者之间的服务距离，能有效地提升读者的阅读幸福感。

一、阅读服务中性别差异

高校图书馆阅读服务中，呈现出女生较男生有比较高的阅读自发的内部动机。有研究表明，女大学生更愿意通过图书馆阅读的方式促进自我成长，这说明女大学生的阅读态度更为积极。

男生较为直接明了的性格，多数将图书馆阅读看成是获取信息的主要手段，因此阅读的外部动机表现比较强烈。

女大学生的情感比较敏感细腻，遇到问题更容易通过阅读来舒缓负面情绪，因此在情感抒发动机表现上较男生强烈。

不同性别大学生在幸福感的表现不同，男生在生活满意、正性情感与负性情感的主观幸福感维度上的感知比女生高。这可能与男生的爱恨分明、显性乐观的性格有关。

二、阅读服务中城乡读者差异

不同生源地的大学生在阅读动机各维度上存在显著差异，来自城镇的大学生在内部动机（自我成长、情感抒发）和外部动机（获取信息、社会认同）的表现上都明显高于来自农村的大学生。这说明，来自城镇的学生在家庭教育资源上有较好的优势或受阅读文化的氛围影响较大，因此在内外动机上，都比来自农村的学生有较强烈的表现。

不同生源大学生在幸福感及其各维度得分上存在差异，城镇生源比农村生源的学生在主观幸福感、心理幸福感和幸福感总体水平都有较高的表现。

来自农村的学生由于长期在远离城镇的环境下生活学习，对身处城市的学校环境有种自然的陌生感，这需要一个适应的过程，或通过其他的优异表现来寻求心理的优越感。

关注大学生读者性别差异，重视农村生源，关注他们的阅读幸福体验，也是本研究开展全民阅读研究的目标之一。

第三节　提升读者阅读幸福感的主要对策

关注大学生自我成长的内部动机，培养大学生对阅读的兴趣，通过树立科学合理的阅读观，促进大学生自主阅读、幸福阅读，实现终身阅读的习惯。

一、组建"阅读圈"，鼓励参与和分享

"阅读圈"又称之为"读书讨论组""读书俱乐部"，是近些年在国外流行倡导的一种共同阅读方式，试图激发学生阅读兴趣，促进学生自主阅读。高校可由图书馆工作人员带头成立阅委会，定期举办阅读活动。由学生、教师和工作人员甚至校外阅读爱好者组建成立相应的"阅读圈"，定期开展自主阅读，通过设置不同的阅读主题吸引不同阅读兴趣的读者，鼓励分享和评论。允许全校范围的学生通过不同的主题圈子寻求自身阅读兴趣，构建阅读共同体。阅读共同体的建立，除了激发阅读兴趣，还有利于增强校友情谊，缓解压力，养成终身阅读的习惯。

二、发挥教师阅读影响力，潜移默化激发阅读兴趣

教师不仅对学生的阅读习惯有显著影响，而且还比较清楚如何去激发学生的阅读兴趣。因此，教师在教学过程中，需充分发挥教师的阅读影响力等指引作用，教授学生阅读技巧，鼓励学生制订合理的阅读计划，引导并给予学生自

主选择阅读书单的机会，更能促进学生的阅读兴趣。同时，给予来自农村的学生足够的尊重和关怀，使其建立足够的信心和热情，融入集体的阅读氛围，共同实现自我成长，真正体验快乐阅读、幸福阅读的收获，养成终身学习的目标。

三、利用大数据，创新图书馆服务体系

随着物联网等信息技术的广泛运用，我国图书馆的大数据建设迫在眉睫。通过大数据指导图书馆的阅读资源建设，能够满足学生多样化、层次化、个性化的阅读需求，从而构建全方位的智慧服务系统。此外，根据阅读载体变化的新趋势，优化图书馆数字资源建设，持续创新智能化、个性化、知识化的阅读服务体系。

第四章
高校图书馆阅读服务数智化转型

数智化转型是数智化浪潮下图书馆为保持竞争力而主动识变、求变、应变的战略性变革。数智化生存环境正在生成，无论是社会环境、政策环境还是产业环境，都要求高校图书馆转型实施数智化。高校图书馆数智化转型的愿景是成为面向未来的、敏捷的、可持续创新的学术与文化信息服务机构，即面向用户构建多元化、高品质的数字信息服务体系，面向高校构建科学、高效、规范的数字信息解决方案与信息素养教育方案，面向行业构建开放融合、和合共生的数字合作生态。为了实现以上愿景，高校图书馆数智化转型的具体目标包括五个方面：在业务层面满足用户的深层次、数字化需求，借助技术手段提供数字化解决方案，提供高质量的知识服务和智慧服务，深化知识挖掘与数据分析能力，提供互联互通、开放共享的数字平台。

以用户为中心、以服务为抓手、以数据为核心、以技术为基础、以人才为根本是支撑高校图书馆开展数智化转型的五大支柱。数智化转型的成效最终体现于服务创新，当前高校图书馆正在资源建设最优化、用户服务个性化、基础业务智能化、服务场景数智化、行业发展合作化五个方向积极开展创新实践，同时也面临着数智化转型战略普遍缺失、缺乏支持可持续创新的组织结构与组织文化、信息系统发展尚未达到成熟阶段、构建跨行业合作新生态困难重重等诸多挑战。

第一节　高校图书馆阅读服务数智化

一、我国数字阅读的发展状况

数字阅读是一种新型阅读方式,包括两个方面:一是阅读内容的数字化,即阅读内容以电子书、有声书、视频书、网络数据库等数字化的方式呈现;二是阅读方式的数字化,即阅读的载体为计算机、手机、平板、电子书阅读器等数字化设备。近年来,我国数字阅读发展迅猛,规模不断扩大,为加快数智化转型提供了有力支持。1999年,第一次全国国民阅读调查结果表明,当时仅有3.7%的人使用互联网,在当年的问卷中尚未出现"数字阅读"一词。2013年,我国数字化阅读率达到50.1%,首次超过纸质阅读方式,数字阅读迎来了历史性拐点。根据2022年公布的第十九次全国国民阅读调查结果,2021年我国国民数字化阅读方式的接触率达到79.6%。另外,《2021年度中国数字阅读报告》显示,我国数字阅读读者已经超过5亿人,人均电子书阅读数量接近12本,其中超过92%的读者曾为数字阅读付费。这表明,我国已经进入数字阅读时代,数字阅读成为人们的主要阅读方式,并将长期保持增长态势。数字阅读是全民阅读不可或缺的重要组成部分。在当今数字阅读时代,深入推进全民阅读必须正确把握我国数字阅读的基本状况,这是前提和基础。

一般认为,数智化发展经历了三个历程:资源数字化、流程数字化和数智化转型。图书馆数字化发展的脉络大致也是如此,只是资源数字化与流程数字化基本是相互交织、共同发展的,没有像制造业那样呈现出明显的阶段性划分。图书馆数字化始于20世纪60年代,最初是尝试引入计算机管理,主要是先导试验以及单一功能系统研发,如美国国家医学图书馆1964年投入使用医学文献分析及检索系统(MEDLARS)、麻省理工学院1965—1973年进行信息传递试验(Project INTREX)、美国国会图书馆1966年开始使用机读目录。

上述系统研发在实现业务流程数字化的同时也使图书馆书目数据开始走向数字化。图书馆数字化大规模发展是在 20 世纪 80 至 90 年代。一方面，出版机构全面推进数字化出版，如 1983 年 Medline 电子版上线、1998 年 Springer 第一本网络期刊上线、1999 年 ScienceDirect 提供电子出版物全文在线服务，数字资源在图书馆馆藏资源建设中的比重不断增加；另一方面，IT 厂商进入图书馆自动化系统市场，取代图书馆成为数字化建设的主导力量，以印本资源"采编流"管理为核心的图书馆自动化集成系统（ILS）开始在图书馆普及。此后，数字化逐渐成为图书馆领域一个广泛而通用的概念，资源、服务、管理、技术与空间等都开始普及数字化建设，如图 4-1 所示。

数字化资源	光盘数据库 索引文摘库	→	联机数据库 全文数据库	→	网络数据库 融媒体数据库
数字化服务	数字资源服务 网页服务	→	数字工具服务 移动服务	→	数字素养服务 泛在、智慧服务
数字化管理	单功能系统 单业务管理	→	集成管理系统 系统化管理	→	动态可配置平台 智能化管理
数字化技术	单体/垂直架构 Z39.50、OAI OpenURL 等	→	分布式架构 SOA、网格、移动技术、Web2.0 等	→	微服务架构 云计算、大数据、物联网、VR、AI 等
数字化空间	多媒体阅览 数字赏析空间	→	IC 空间 数字创作空间	→	创新空间 数字学术空间

图 4-1 图书馆数字化发展变化

数智化转型这一概念诞生于商业领域。信息技术咨询公司高德纳（Gartner）认为，数智化是利用数字技术改变商业模式，并提供创造收入和价值的新机会，这是一个向数智化转型的过程。威勒（Vial）在分析 282 篇相关文献后将数智化转型定义为一个过程，即通过整合信息、计算、通信和连接技术，触发实体属性发生重大变化，从而改善实体的过程。目前关于大学图书馆数智化转型的研究已经起步,并产出了一些代表性成果。国内研究方面,吴建中在《数智化转型——大学图书馆下一步发展重心》中指出,在大学图书馆走向现代化的进程中,数智化转型是纲举目张的重要举措,创新发展的难度也集中于数智化转型,并通过爱丁堡大学图书馆、林肯大学图书馆两个样板说明数智化转型与数据能力建设、业务服务创新、信息技术应用、组织结构改革、组织文化调整等息息相关。何秀全等认为,图书馆数智化转型的核心是以数据治理为抓手,建设与提升数据服务能力,从而创造新的价值增长点,实现图书馆核心业务模式的转型与突破。陈建龙在"庆祝教育部高校图工委成立40周年学术研讨会"上指出,高校图工委要在数智化转型发展中勇担使命:组织开展研究活动,建设创新型图书馆;切实整合咨询工作,建设信息化图书馆;积极承担指导责任,建设"一流图书馆";同时他还在高等教育文献保障系统(CALIS)的"十四五"规划中明确提出,要推进数智化转型和场景化服务工程,引领高校图书馆高质量发展格局和现代化治理体系。国外相关研究更多地从支持大学数智化转型的层面去探索高校图书馆的数智化转型。例如,德贾(Deja)等认为图书馆应将信息素养作为构建学术界数智化转型能力的起点,进而成为大学数智化变革的重要力量。桑德胡(Sandhu)认为图书馆是新技术和潮流的早期采用者,理想情况下可以成为大学数智化转型的代理;图书馆可作为数智化转型的平台,在数字化教学与学习、数字学术、数字能力建设、数字基础平台、学生数字体验、数字业务转型等领域进行探索,进而在大学数智化转型中发挥重要作用。

通过对数智化转型相关文献与观点的分析,笔者认为需要厘清以下三方面的认知。

(1) 数智化转型是一个战略性概念而非技术性概念。数智化转型的重点在于转型,而转型的本质是变革与创新,数智化转型是一场数字化技术赋能的战略性变革。在组织战略、商业战略和职能战略的三级战略模型中,数智化转型属于商业战略范畴。

(2) 数智化转型是一个过程性概念而非目标性概念。数智化转型应对的是持续变化的产业环境与用户需求,因此数智化转型措施大都是应时而生、应需而变的。它是一个阶段性的推进过程,每一个阶段都建立在前一个发展阶段的基础之上,每一个过程的结束都意味着新一个过程的开始。

(3)数智化转型是一个全局性概念而非单点性概念。数智化转型包括产品与服务创新、业务模式变革、管理流程再造、信息技术创新、组织文化重塑等多个维度,需要联通联动多业务部门与多业务流程,是一项综合性、系统性工程。与此同时,图书馆数智化转型是高校数智化转型的一部分,需要积极融入高校数智化转型的部署中。

二、高校图书馆开展数智化转型的主要问题

(一)高校图书馆数智化转型环境扫描

作为一种商业战略,数智化转型可理解为数字化浪潮下图书馆为保持竞争力而主动识变、求变、应变的一系列措施与举动。开展数智化转型首先要及时、准确识别与高校图书馆发展相关的社会环境、政策环境、行业环境变化,识变是求变及应变的基础和前提。

(1)社会整体的环境:从工业时代到信息时代,社会发展的重心从机械化大生产转向数字化生存。各行各业都在快速构建与物理世界或平行或交互的数字空间,人们的生活、工作、学习、休闲逐渐向数字空间转移。

(2)高等教育教学环境:教育部近年在逐步推进数字校园与智慧教育建设。2016年6月发布的《教育信息化"十三五"规划》中提出:"到2020年,基本建成'人人皆学、处处能学、时时可学'、与国家教育现代化发展目标相适应的教育信息化体系。"2016—2020年教育部办公厅印发的《教育信息化工作要点》(2018年起改为《教育信息化和网络安全工作要点》)均将数字校园列为重点任务,2018年起增加智慧教育的内容。

2021年3月12日,教育部发布《高等学校数字校园建设规范(试行)》,其中第6部分"信息资源"、第7部分"信息素养"与高校图书馆未来发展息

息相关。该规范第 6 部分明确提出，高等学校信息资源主要包括以结构化数据为主的基础数据和业务数据，以半结构化数据为主的基础设施运行数据，以及以非结构化数据为主的数字化教学资源、科研资源、文化资源和管理服务资源。在该规范提及的信息资源中，电子数据库和机构知识库建设已是高校图书馆的既定业务领域，数字化教学资源、数字化科研资源、数字化文化资源中包含的其他类型资源，如在线课程、数字化教材、实验实践资源、学术报告类资源、科学数据资源、应用软件资源等，拓展了高校图书馆资源建设的领域；特别对集网络中心与图书馆于一体的高校信息网络中心，该规范更是为其指明了发展目标与建设框架。

信息素养教育是图书馆参与高校数字校园建设的一项重要内容。正如《高等学校数字校园建设规范（试行）》所言：提升高等学校用户的信息素养有助于提升高等学校数字校园的建设和运行水平。该规范第 7 部分将信息素养定义为"个体恰当利用信息技术来获取、整合、管理和评价信息，理解、建构和创造新知识，发现、分析和解决问题的意识、能力、思维及修养"，并指出信息素养包括信息意识、信息知识、信息应用能力、信息能力与安全四种组成要素。信息素养培育是高校图书馆的传统业务领域，但由于缺乏统一的教学大纲和教学标准，信息素养教育能力参差不齐。在数智化转型背景下，高校图书馆需要对照该规范重新评估和设计信息素养教育的内容和方式，重视数字信息素养的培养。行业组织应组织专家研究发布信息素养教育能力标准或教学参考大纲，使图书馆信息素养教育能够整体从文献检索向数字信息素质与创新能力培养拓展，跟上高等教育培养高素质、创新型人才的形势和要求。

（3）出版和交流环境：高校图书馆位于学术阅读服务的下游，出版产业变革对高校图书馆构成直接影响。从传统出版到新兴出版是从线下出版到线上出版、从出版产品到出版平台、从出版产业链到阅读生态圈的创造过程。这是出版业数智化转型的过程，也是与高校图书馆数智化转型密切相关的动向。从线下出版到线上出版不仅仅是图书、期刊、报纸、光盘等实体资源到数字资源的转换过程，更是融媒体出版和新型资源的创造过程，例如航空工业出版社

2018年出版的《国之大运：中国大型运输机运20研制纪实》在出版纸质图书的同时配套拍摄5集纪录片。无论是依托于纸质出版物的VR图书，还是虚拟演示、虚拟实验室、虚拟实训等纯数字产品，都已成为出版产业重点关注的未来增长点。高校图书馆数智化转型需要考虑如何将这些新的数字出版内容纳入馆藏，如何提供沉浸式阅读的创新体验以适应新的出版形式。从Arxive、PubMed到ResearchGate，从微博、慕课到微信公众平台，从哔哩哔哩到喜马拉雅听书，出版平台化势不可挡。出版产业从出版产品到出版平台的转变对图书馆而言是更大的挑战。传统出版模式的转变意味着商业模式和服务模式的重构，新的出版主体则意味着更激烈的竞争和更复杂的合作，构建新型的行业合作生态是高校图书馆数智化转型无法规避的课题。与此同时，阅读公众号、读书会、在线课程以及线下书店相互支撑、相互引流的阅读生态圈正在形成。在快速增长的信息出版量与愈加稀缺的用户注意力背后，在出版产业链的基础之上继续衍生阅读生态圈已成为信息传播的潮流和趋势。如何融入正在快速发展的阅读生态圈，如何从阅读推广服务转向学术阅读生态圈构建，都是高校图书馆数智化转型需要思考的重要问题。

（二）高校图书馆数智化转型的愿景与目标

世界唯一不变的就是变化本身。信息服务的内容、形式与路径快速发展，信息服务市场格局持续变化，竞争往往来源于外部的颠覆创新。图书馆将经历一场实质性的变革，可能会变得几乎认不出来，但仍被视为"图书馆"。实质性的变化意味着高校图书馆将着重于创新与变革，产品服务、业务模式、技术路线、组织结构与文化都面临调整、创新乃至重构。而仍被视为"图书馆"则意味着有些东西不会变，这些东西是图书馆的根本，即其作为学术与文化信息服务机构生存的根基。高校图书馆数智化转型的愿景要在变与不变之间达成一种平衡，或可描述为：成为面向未来的、敏捷的、可持续创新的学术与文化信息服务机构，即面向用户构建多元化、高品质的数字信息服务体系，面向高校构建科学、高效、规范的数字信息解决方案与信息素养教育方案，面向行业构建开放融合、和合共生的数字合作生态。

数智化转型的成效最终体现在重构后的业务能力与服务体系上，从这个层面看，现阶段高校图书馆数智化转型应实现五个目标：①满足用户深层次和数字化需求，即在对资源全面数字化的基础上开展多元化服务，满足高校管理主体、科研主体、教学主体、学生群体、社会用户不同层次的信息需求；②借助技术手段提供数字化解决方案，即利用5G、大数据、物联网等信息技术提供信息服务新体验、信息素养教育新方向、信息基础设施新方案；③提供高质量的知识服务和智慧服务，即利用专业馆员的智慧和人工智能技术，面向用户需求提供知识产品与解决方案；④深化知识挖掘与数据分析能力，即构建基于文本大数据、科学数据、管理数据、用户数据等多源异构数据的挖掘、计算与信息提取能力；⑤提供互联互通、开放共享的数字平台，即构建以数据中台和微服务架构为核心的图书馆管理与服务平台，对内打通业务流与数据流，对外实现跨系统、跨平台的数据交流与业务合作。

（三）高校图书馆数智化转型的五大支柱

数智化转型是一项持续的、复杂的、变革性的事业，需要强化核心力量支撑，以帮助高校图书馆在愈加复杂和多元的信息服务行业获得竞争优势。具体包括以下内容。

（1）以用户为中心。从本质上讲，新经济是以客户为中心的世界，在这个世界中，客户享有显著的优势、选择权和影响力。图书馆也是如此。高校图书馆始终都重视用户参与，但传统的用户思维是基于图书馆内部业务展开的，如围绕新产品设计与服务质量开展用户调查。这种思维模式过多地强调图书馆自身的价值追求，却难以发现用户的潜在需求与真实选择。数智化转型构建的用户参与策略，不再是围绕图书馆的既定产品与服务开展用户调研、访谈与体验，而是围绕用户潜在需求进行服务设计。数字技术的发展已经给了图书馆感知用户场景、进行陪伴式参与、提供个性化服务的可能。图书馆可对用户及场景进行细分，比如教职员工的基金申请、项目验收、报奖评奖、成果出版、备课教学，高校学子的专业学习、课程作业、考证考级、升学就业、自我成长、文化休闲，教学管理的发展规划、学科评估、人才引进、绩效考核等，深入分析用户在不同场景中的潜在需求，有针对性地开展服务创新，构建服务模型。借助移动设备等感知用户场景、预测用户需求、进行针对性的服务，实现以个体和场景为中心的服务构建。

（2）以服务为抓手。数智化转型的成效最终体现在服务创新。服务创新可以是优化式创新，即通过引入新的产品、过程、方法或系统提升原有服务的效率、降低成本或提升用户体验；也可以是突破式创新，即输出新的产品、服务或过程，或对现有服务进行显著改进、打造新的体验，或为用户提供新的价值，突破性创新是长期成功的关键。开放获取、数字素养、知识服务、场景化服务、个性化服务等都是高校图书馆积极践行服务创新的领域，难点在于如何发现有价值的创新点。图书馆的服务创新需要考虑用户群的群体特征和代际特征，有针对性地建立用户服务网；此外，还需要组建一支富有观察力和创造力的服务团队，以实施富有活力的用户运营。

（3）以数据为核心。数智化是一种面向数据的思维方式。商业领域的数据思维主要是从运营数据中提炼洞见以完善决策并改进运营。图书馆对数据的应用方向更为广泛，具体包括：使用数据来训练人工智能系统，不断优化服务体验，比如智能导览；利用数据完成大规模定制服务，比如个性化推荐；利用文献数据库与事实数据库开展数据分析，为复杂决策提供数据依据，比如信息咨询等。除此之外，图书馆作为信息管理与服务机构，在关注数据应用之外，也不应忽视馆藏数据化和数据馆藏化的重要性。将图书、期刊等传统馆藏进行数字化处理，转化为文本大数据并进行文本挖掘，是高校图书馆数智化转型的重要方向。与此同时，科学研究正在从抽样数据、局部数据、片面数据转向大规模的实证数据分析，科学数据是信息服务的又一片"蓝海"。构建集数据标准体系、数据中心与大数据平台、数据增值服务、数据隐私与安全于一体的运营数据与馆藏数据解决方案，是高校图书馆立足当前、谋划未来的长远布局。

（4）以技术为支撑。信息化转型是数智化转型的基石，但图书馆传统信息化建设与运维模式已经难以应对数智化转型对 IT 赋能、数据赋能和 AI 赋能的现实需求。一个理想的图书馆平台绝不能只有采访、编目、流通等几个模块，而应该提供一个"应用生态"，即任何图书馆的功能需求都能通过相应的 APP 得到满足。对于图书馆而言，未来要建立一套生态化的技术平台，在业务层面，构建应用市场，提供多元化的 APP，实现图书馆各种各样的业务应用；在数据层面，打破业务与应用的边界，实时采集数据并对其进行集成、共享，实现数据的自由流动；在技术层面，构建模块化、可扩展、可复用的信息基础设施，解决当前信息化建设中出现的一系列技术与管理难题；在计算层面，构建业务知识图谱及算法平台，完善云端的计算能力，实现实时的数据挖掘与分析，形成业务洞察，驱动创新发展。

（5）以人才为根本。ALA 前主席洛伊达·加西亚-费博（Loida Garcia-Febo）曾表示，数智化转型是世界的当务之急，应以人为本。近年来颠覆性创新频发，使"雇主对人才的要求不再仅仅停留在学术、技术和职业技能层面，而是更加强调自信与自我意识以帮助企业和社会重塑未来"。数智化转型需要懂技术、会技术的人才，也需要懂业务、懂战略的人才，更需要自信与激情的新一代。培育鼓励创新的组织文化、激发馆员的创造力是数智化转型的必修课。此外，数智化转型涉及大量的岗位重构和人员调整。一方面，利用现代 IT 解决方案，图书馆的五个主要功能（检索与识别、评估评价、采集与处理、共享与宣传、保存与存储）已经有了相当大程度的技术替代，如认知搜索、人工智能算法、数据收割、自动全文知识库、最新标准和现代方法，这意味着传统岗位将会释放出部分人力；另一方面，持续的服务创新也会产生大量新岗位，如数据馆员、馆藏分析、用户体验、虚拟服务支持、数字人文、知识管理等，这些岗位亟待补充人手。在组织的变革和重组中，很多工作人员将转向新的岗位，馆员新技能的培训需求变得更加迫切。调查显示，数字化成熟的组织为员工提供所需技能培训的可能性是低端组织的四倍。图书馆需要将自身演变为学习型组织，为员工提供多元、高效的新技能培训。

（四）高校图书馆数智化转型的实践

高校图书馆数智化转型没有既定范式，当前的实践呈现出遍地开花却前途未知的状态。有些实践项目受到了极大关注，大量高校图书馆模仿跟进，比如数字素养教育、数字人文、科学数据等。关于这些实践，近年来研究成果很多，本书不再论及。这里只列举一些近年来出现的、仍在探索和发展中的实践内容，大致可划分为五个方向。

（1）资源建设"最优化"。随着图书出版量与日俱增，高校图书馆的经费增多，工作压力也随之增大，利用大数据、人工智能等技术研发智能采选系统辅助图书采访决策成为很多高校图书馆的新选择。复旦大学图书馆研发采访辅助决策支持系统，构建了基于图书馆流通日志的图书借阅数据仓库维度模型和基于OPAC日志的点击流量数据库，实现了馆藏分析、流通数据分析、OPAC检索日志分析、电子图书使用分析等功能；重庆大学图书馆研发图书智能采访系统，内置图书评价模型、出版社与学科质量关系模型、作者与学科质量关系模型，为重点学科图书采访决策提供参考依据。开放获取已经成为学术交流的趋势，也是高校图书馆资源建设的方向。除快速推动商业学术资源的开放获取外，制作与利用开放获取资源也成为高校图书馆实践探索的重点。哈佛大学图书馆创新实验室正在进行的六个项目中，四个都与开放获取相关，其中哈佛大学法律图书馆与初创法律公司拉威尔法律（Ravel Law）合作的Caselaw Access项目，将超过4000万页的美国法院判决文件数字化，将它们转化为代表美国360年法律历史（包括建国前历史）的670多万起案件的数据集，并向公众免费开放。资源的深度挖掘与分析也成为高校图书馆资源建设优化的重点，从2015年起，中国高校人文社会科学文献中心（CASHL）通过"特藏++"项目，组织高校图书馆开展特藏资源数字化揭示与服务实践，截至2020年底，支持的项目已达29个。

（2）用户服务"个性化"。资源推荐是高校图书馆个性化服务的热点。武汉大学赵杨教授与图书馆合作开发个性化推荐系统，可根据用户主题偏好、当前使用时间、当前地理位置提供个性化推荐，包括相同兴趣用户浏览记录、夜间有声书排行榜、周围人浏览记录等。不仅信息服务可以个性化，空间服务也可以个性化。哈佛大学图书馆创新实验室与 MetaLAB 的合作项目 Alterspace 2 就探索了空间的个性化定制服务，该项目提供一种沉浸式的用户体验，通过对光线、颜色、声音和空间的控制，让用户创造最适合自己的环境以用于思考、阅读、合作、游戏等活动。除对用户开展个性化服务外，图书馆也开始针对不同学科开展定制化服务。信息素养培训根据学科特点定制融入专业课堂，取得了较好的效果，3D 打印也开启了专业课程服务定制。美国拉瓜迪亚社区学院图书馆就和数学系、工程和计算机科学系、生物系的教师合作，在课程中设置 3D 打印教学内容并让学生完成 3D 打印作业，结果显示，图书馆 3D 打印服务显著提高了学生的学习动机。

（3）基础业务"智能化"。用智能化设备来代替人工劳动，是数智化转型的重要实践。在自助借还设备率先实现了流通领域的智能化后，图书馆的基础业务也开始快速走向全面智能化。广东省立中山图书馆的"图书采分编智能作业系统"分为图书验收和加工、图书智能化分类编目、图书典藏与分拣三个模块，实现了图书自动分离、自动验收、自动贴标、编目数据自动套录、无纸化原编、自动化分拣与自动化搬运，除拆包上机、额外图书分拣、图书编目环节的分类及主题标引步骤仍需人工介入外，其他作业环节都可通过自动化系统流水工作实现。该实践虽然发生在公共图书馆，但由于涉及"采编"这一核心基础业务，如若成功将重构采编业务流程，对整个行业产生重要影响，高校图书馆都在积极关注其实践效果。清华大学研发的无人驾驶智能小车解决了校内馆际间的图书搬运难题；南京大学智能盘点系统"图客"采用 RFID 感知、计算机视觉、智能机器人等技术，实现了厘米级图书定位，可实时显示图书错架位置，其图书盘点效率超过 20000 册/小时；北京大学图书馆新升级的门禁系统集人脸识别与实时测温于一体，实现了安全管理、人员统计等的一体化管理；咨询机器人如成都理工大学图书馆的"成小理"、重庆工商大学图书馆的"叮小胖"等，则让咨询服务走向智能化。

（4）服务场景"数字化"。数字技术的快速发展赋予了图书馆更多的创造力以及发展的新空间，近年来高校图书馆的很多创新服务都是围绕着数字服务场景构建的。北京大学图书馆开发的一站式读者服务微信小程序，不仅借助二维码实现了无卡借阅，还集成了馆藏检索、借阅数据、图书预约、一小时讲座、空间预约、图书推荐等多项服务，让用户轻松"掌"握图书馆。与此同时，越来越多的图书馆在馆内开辟空间构建数字服务场景。比如美国哈佛大学图书馆的多媒体实验室、北卡罗莱纳州立大学 D. H. Hill Jr. 图书馆的 VR 工作室、弗吉尼亚大学图书馆的学术实验室、布朗大学的数字学术中心，以及我国华中师范大学图书馆建设的创新空间等。此外，越来越多的新技术被应用到数字服务场景的构建中，比如利用虚拟现实技术提供的虚拟图书馆、虚拟漫游、实时虚拟书架、图书定位三维环境可视化等。

（5）行业发展"合作化"。数字化平台打破了时空阻隔、降低了边际成本，是大规模行业合作得以实现的前提和基础。20 世纪 90 年代中期以后，我国高校图书馆数字化建设开始普及，以 3C（CALIS、CADAL、CASHL）为代表的行业联盟迅速发展起来，共建共享从理想变为现实。近年来，随着数字化进程的加快，全国高校图书馆之间的合作呈快速发展态势，除地域性联盟外，高校图书馆也在自发结成一些新型的业务联盟，比如高校图书馆数字资源采购联盟（DRAA）、高校机构知识库联盟、高校图书馆 RFID 技术应用联盟、学者唯一标识符联盟等。很多高校图书馆都加入多个联盟组织，借助不同层次不同类型的联盟合作与数字平台来构建新的业务能力、开拓新的发展空间。与此同时，相互之间的合作也打破了传统的高校系统边界。例如，CALIS 完成了与国家图书馆、上海图书馆、国家科技图书文献中心（NSTL）等图书馆和共享机构平台的对接，帮助高校图书馆实现了跨系统文献合作。DRAA 在 CALIS 的支持下，以集团采购工作为要任，以数字化管理与服务平台为依托，协调高校图书馆开展外文电子资源采购，通过和 30 多家数据库商及 6 家进出口代理商的合作，每年续订和新订的数据库超过 130 个，为近 700 家成员馆谋求最优价格和最佳服务。

（五）高校图书馆数智化转型的挑战

高校图书馆的业务架构、组织架构、技术架构在长期的发展过程中已相对稳定，业务价值链基本定型，难以像新建组织一样专注于创新，数智化转型面临诸多挑战。

（1）数智化转型战略普遍缺失。高校图书馆历来重视信息技术的创新和应用，如四川大学正在规划建设集教学资源选荐用平台（选择、推荐、采用，简称推荐用）、通识类教育拓展平台、创造性学习支持平台、知识成果集成平台、知识产权服务平台、知识资源融合平台、精准化知识服务平台、全媒体服务推广平台等于一体的新一代图书馆系统，积极推动数智化转型实践。但目前明确制定数智化转型战略或将其纳入"十四五"发展规划的图书馆寥寥无几，全国高校图书馆整体也需要统筹规划，做好顶层设计。数智化转型战略要求在关键领域作出适当的战略决策，具体包括：为全面转型进行准备性评估，了解组织当前状态，识别潜在的问题、漏洞、机会和相关风险；在整个组织中建立一个共同和清晰的愿景，告知所有利益相关者其方向；重新考虑业务范围，从数字化增强的产品、服务和客户互动中识别潜在的新价值；考虑数字技术与其核心价值、发展目标的整合；通过数字化的视角审视组织的战略资产和能力，确定哪些现有资产可以利用，哪些能力能以新的方式使用，以及是否需要引入新的能力；思考组织文化的变革，帮助员工快速适应变化的技术等。数智化转型战略的制定有助于推动数字化成熟，高校图书馆需要尽快弥补这一缺失。

（2）缺乏支持可持续创新的组织结构与组织文化。麻省理工学院数字经济首席科学家乔治·韦斯特曼提出了"数智化转型第一定律"，也称"乔治定律"，概括起来就是技术变化很快，但组织变化却慢得多。数智化转型对组织结构与文化有更高要求，要求组织具备更高的敏捷性和持续创新能力以应对快速变化的外部环境。近年来高校图书馆虽然创新很多，但是这些创新多是散发的、点状的，难以形成持续的创新，这就导致服务体系的增值性和灵活性不足。究其根源，是图书馆的组织机构与组织文化变革没有跟上。高校图书馆目前采用的主要是层级型结构，这种结构以稳定性和控制力为主导，管理主要依赖绩效指标和高层决策。组织如果注重成本、质量与规模，层级型结构是最好的选择，但如果强调多样性、敏捷性和创新性，平台型组织无疑是更好的选择。但图书馆的创新不是没有包袱的从零创新，而是全盘维护原有服务体系基础上的增值创新，这就导致层级型组织结构难以得到真正改变。面对这种形势，图书馆也在力图突破，比如哈佛大学图书馆设有创新实验室，荷兰乌得勒支大学图书馆成立了创新发展部，国内也有不少高校图书馆通过组建跨部门的创新小组或设置研究专岗来实现突破，但是这些探索并没有从根本上改变层级制结构，是否可以实现持续创新还有待观察。此外，组织对风险的容忍度也是衡量创新的重要指标，创新在本质上是要承担风险的，高校图书馆领导者在推动创新和变革时往往更加谨慎。

（3）信息系统尚未发展到成熟阶段。诺兰模型是研究信息系统演进规律的阶段划分理论，将 IT 发展分为六个阶段：引入阶段、普及阶段、控制阶段、集成阶段、数据管理阶段和成熟阶段，并认为从第三阶段某刻开始，IT 发展开始从计算机管理导向转向数据管理导向。虽然诺兰模型的提出是在信息技术领域发展的早期阶段，但现实信息技术的发展轨迹与诺兰模型有着一定的吻合。当前，大数据、数据中台、数据中心等一系列新概念的提出都表明信息系统在向数据管理阶段演进。高校图书馆信息系统的发展也处于由集成阶段向数据管理阶段的过渡时期。从计算机管理导向转向数据管理导向，意味着图书馆系统要跨代发展。以 Alma 与 Folio 为代表的新一代图书馆服务平台的快速发展代表了这一趋势，但距离理想状态都仍有很长的路要走。此外，数据安全、数据隐私与便捷利用之间的冲突日益凸显，图书馆也需要相关的政策和措施予以规范。

（4）构建跨行业合作新生态困难重重。共生是未来组织进化的根本逻辑。在互联网时代和数字化背景下，协作的成本急剧下降，打破组织边界并与出版、发行、馆配、外包等上下游行业合作共建智慧生态，可以极大提高效率，提升创新能力，实现任何一方都无法单独实现的高质量发展。高校图书馆近年来也有所实践，比如北京大学图书馆与出版社合作的"新书即出即采"，实现了部分出版社新书出版后一月甚至一周到馆服务，大幅提高了新书的上架速度。但是这项服务却难以惠及其他图书馆，也难以覆盖更多的出版社。表面上看是缺乏数字化的管理与服务平台，无法与更多图书馆和出版社连接，但从更深层次看，是各方依旧囿于传统的合作模式，未能建立上下游产业合作的新生态。数智化转型的核心特征之一就是构建新的业务模式，重构新的价值链。高校图书馆在这一探索进程中面临重重困难，比如行业之间缺乏高度连接的高层联络网，缺乏有效的信息分享机制，很难超越行业来思考和发现问题。传统的甲乙方关系容易形成"一方出钱、一方出力"的合作惯性，双方出于自身利益考虑以及经费使用的种种限制，很难以共同投入的方式开展创新。高校图书馆开展跨行业的合作与创新，道阻且长。

三、我国数字阅读存在的主要问题

与传统阅读相比，数字阅读打破了时间和空间上的限制，具有明显的优势，比如信息海量、互动互联、查找快速、存储量大、方便携带、成本低廉等。数字阅读赋能全民阅读，推动全民阅读进入发展快车道。同时，数字阅读也存在一些突出问题，给全民阅读工作带来一些困境。

（一）海量信息造成泛阅读困境

先进的数字化技术不仅为人们提供了多样化的阅读方式，还带来了海量的信息资源。面对芜杂的海量信息，由于缺乏较好的信息甄别能力，人们往往难以选择、无所适从，容易陷入泛阅读困境。

（二）数字阅读内容参差不齐

数字阅读内容的生产和传播门槛相对较低，由于生产者身份各异、水平参差不齐，并且有的阅读平台缺乏完善的审核机制等，因此，数字阅读内容存在同质化、功利性、娱乐化等现象。部分数字阅读内容文字粗糙、品质不高，不仅不能够净化心灵、陶冶情操，反而会影响人们的身心健康。

（三）浅表化阅读普遍存在

面对快速发展的世界、快节奏的生活，人们需要在短时间内获得更多信息，倾向于和习惯于碎片化、快餐式的浅阅读。浅阅读有助于人们快捷地了解和获取信息，但长此以往不利于养成深入思考和理解的习惯。在任何时代，都不应该满足于浅层的知识获取，而应进行深阅读，回归经典阅读。

四、以数字阅读方式深入推进全民阅读的基本策略

数字化能力是高校图书馆阅读服务数智化转型的核心支撑要素。图书馆阅读服务的本质是围绕读者需求的知识服务，而高校图书馆阅读服务以专业服务为主要特色，是图书馆知识服务的主阵地；将图书馆阅读服务的本质视为一种基于知识集合和知识密集型工作的数智化阅读服务机制，将高校阅读服务实践研究与数智知识集合体的"阅读知识观"建立无缝融合，方便与图书馆阅读服务领域的理论对接与概念接轨。

强调服务能力是数智化转型概念的内在要求。有学者将数智化转型的本质描述为满足读者需求和读者体验的能力，在全球数智化转型趋势中，数智化转型仍然由服务业推动。

对全民阅读可以进行多维度的分析研究，从全民阅读的主导者、生产者、服务者，分析以数字阅读方式深入推进全民阅读的基本策略。

（一）强化思想引领，加大政策支持力度

就国家层面而言，要强化思想引领，打造主题鲜明、内涵丰富的数字阅读产品，唱响时代主旋律，传播阅读正能量。要聚焦主题主线，规划出版一大批反映新时代新气象、新征程新作为的重点数字主题出版物，更好地汇聚干部和群众奋进新征程、建功新时代的强大精神力量。近年来，数字主题出版充分发挥传播力、引导力、影响力，有力巩固意识形态主阵地，推动书香社会建设。

2018年9月上线了"新时代新经典——学习习近平新时代中国特色社会主义思想重点数字图书专栏",累计点击阅读量超过6亿人次,并且该专栏正在不断进行优化升级,大力奏响了网上传播党的创新理论的时代强音。

参照分级阅读概念,针对不同年龄、不同职业、不同文化程度的读者推荐读物,形成覆盖所有人群、多层次、有梯度的全民数字阅读分级和书目推荐体系,并加大对这些优秀读物的宣传力度。

面对数字阅读市场中产品质量、内容参差不齐的状况,要立足于数字出版的高质量发展要求,完善数字出版标准,研究制定数字内容管理体系,重点在网络文学、动漫、网络视频、有声读物、知识服务等方面下功夫。要强化对数字阅读渠道的监管,大力加强对微信阅读等社交式阅读的管理和规范。

(二)坚持精品战略,加强优质内容供给

数字阅读内容生产者是深入推进全民阅读的基础性力量,应坚持精品战略,提供高质量的数字阅读内容,满足人民群众日益增长的数字阅读需要。虽然5G、大数据、人工智能、区块链等技术对出版行业产生了颠覆性的影响,但人类阅读的本质并未改变。

对数字阅读内容生产者而言,要强化精品意识,关注读者需求,深入推进数字出版供给侧结构性改革,为人民群众提供更多导向正确、有营养、有价值、有深度的数字阅读产品。出版机构要大力推动传统出版与数字出版的深度融合,坚持"内容为王",走精品引领、精品带动的高质量发展之路,打造新时代数字出版精品,构建品类丰富的数字出版精品体系。要适应数字时代传播媒介形态的重大变化,充分发挥新媒体的传播优势,提高优质数字出版内容的到达率、阅读率和影响力,为书香社会建设贡献应有力量。

数字阅读行业从业者要适应数字阅读时代的新要求,增强职业使命感、责任感,加强党的创新理论学习,不断提高思想政治素质,加大数字出版业务培训力度,不断提升专业能力水平,努力成长为符合时代需要的数字出版复合型人才。

（三）确立科学观念，提高数字阅读素养

阅读者既是全民阅读的最终服务对象，也是真正的阅读实施主体。与单纯的纸质阅读环境不同，在数字阅读时代，读者要确立科学的阅读观念，积极提高数字阅读素养，让阅读更好地服务于美好的精神文化生活。

树立科学的阅读观念。数字阅读带来人类阅读史上的深刻变革，并逐渐成为人们的主要阅读方式，但数字阅读终究无法完全取代纸质阅读，二者将长期共存。发挥二者各自的优势特点，选择"纸数融合"的阅读方式是科学之道，也是大势所趋。

逐步提高数字阅读素养。要通过阅读实践、学习培训等，不断提升数字阅读的基本技能，比如高效寻找书籍、选择书籍、阅读书籍的能力，掌握信息检索技能，养成深度阅读的良好习惯等。值得指出的是，要高度重视培养和提高偏远落后农村地区读者的数字阅读素养，以弥合数字化阅读带来的"数字鸿沟"，实现知识信息获取机会的公平。

书籍是人类智慧和文明的载体，阅读是一个民族持久的功课，也是一项长久的文化工程。当前，全民阅读进入新阶段，新的时代赋予全民阅读工作更光荣的使命、更重要的责任。要与时俱进、守正创新，充分发挥数字阅读的特点、优势，深入推进全民阅读，为推动文化强国建设、实现中华民族复兴提供强大的精神支撑与智力支持。

第二节　高校图书馆阅读服务智慧化建设的必要性

高校图书馆作为图书馆体系中的重要组成部分，既具备图书馆的知识服务属性，又具备学校教育的属性功能，这就要求高校图书馆应加强智慧化建设，实现图书馆的转型改造和服务升级。

一、阅读服务智慧化与数智化息息相关

高校图书馆的智慧化建设与当下数字高校建设息息相关,一方面,高校的科研发展对高校图书馆的功能与服务提出了更高的要求,高校图书馆要强化数字科研信息和成果的互联互通,并提供阅读创新场所,为高校师生和科研人员搭建智慧化信息交流平台;另一方面,高校的教育实际要求高校图书馆发挥教育功能,助力高校师生与科研人员的科研成果产出,培育优秀人才。

二、高校图书馆功能性的要求

在智慧城市等议题背景下,图书馆作为社会文化建设的重要组成部分,是城市文化空间的代表和重要象征,因此图书馆的数智化和智慧化的建设是发展必然。从服务功能方面来说,高校图书馆承担着图书借阅、资料查找等最基本的图书馆服务职能,面向高校师生和科研人员提供知识基础服务,在一定程度上体现我国高校教育和科研的发展水平。从服务管理方面来说,高校图书馆的服务定位与高校教育相匹配,主要为高校师生搭建阅读服务交流互动平台,提供公共文化服务和个性化知识服务。当前,随着智慧校园、数字校园建设的发展,高校教育教学内容和知识服务体系发生变化,高校师生和科研人员对高校图书馆的服务提出了更高的要求。高校图书馆必须转变服务理念、创新机制、拓展资源内容、改造空间格局、更新人才服务,加强智慧化建设。

三、教育科研发展的实际需要

当前,在国家教育改革背景下,教育科研发展与校园数智化、智慧化建设相关联,高校图书馆作为高校教育的重要服务部门,应为教育和科研提供基础资料和知识服务。高校要想实现"双一流"建设,打造有实力的师资队伍,培养优秀的科研人才,创造突出的科研成果,离不开高校图书馆的知识服务支撑,而高校图书馆的智慧化建设无疑能够为此提供强有力的支持。

第三节　高校图书馆阅读服务智慧化的实现路径

　　高校图书馆的智慧化建设是满足高校师生和科研人员知识服务需求，适应当前教育改革发展的必然。高校图书馆应将自身的智慧化建设与高校的创新发展相结合，切实从高校师生和科研人员等读者需求出发，从理念上转变读者思维。高校图书馆的智慧化建设涉及自身组织架构的调整，图书馆的管理体系应与高校的发展实际同步。空间是图书馆的最直观的展示元素，高校图书馆的智慧化建设要实现空间布局的多样化、个性化，实现读者与阅读空间的互动，增强读者的阅读体验。高校图书馆要改变以往对人才队伍的要求，通过加强人才选拔和建设人才培训体系，打造一支专业性强、服务水平高的人才队伍，为高校师生和科研人员提供全方位的知识服务。

一、理念创新：读者思维的转变

　　随着人工智能等技术的发展，高校图书馆的智慧化建设范围进一步拓展，内容也越来越丰富，其不仅将信息技术与图书馆建设相结合，而且通过更新思维逻辑，引进先进理念，从传统被动地提供基础资料的定位转变为以读者为中心提供全方位服务的角色，以互联网时代的读者思维营造高校教育教学和科研的智慧学习、智慧服务的空间。

　　同时，高校图书馆既是高校师生和科研人员获取科研成果的主要渠道，又是高校师生和科研人员之间进行信息交流沟通的重要平台。因此，高校图书馆的智慧化建设应从理念上重新梳理，将加强高校师生和科研人员的沟通交流、互联互通作为高校图书馆智慧化建设的重要依据，并利用技术手段对图书馆的物理空间进行改造，营造万物互联、智能高效的智慧服务环境，激活高校师生和科研人员的创新能力，更好地促进知识成果的转化。

　　第一，在媒介融合时代，高校图书馆作为高校重要的知识传播平台和社交平台，必须改变现有的思维逻辑，顺应媒体融合的发展趋势，转变读者思维，从单纯地提供资料服务转变为提供知识服务，创新升级服务体系，这也是高校图书馆转型升级和智慧化建设的关键和内在核心。高校图书馆的智慧化建设要基于读者思维跳脱出图书馆的场所概念，成为传播媒介，与新媒体等新兴技术相结合，满足读者需求，及时、准确地为读者提供个性化的定制服务和相关资料，实现自助式的文献搜索等高级服务。

第二，在互联网思维下的高校图书馆智慧化建设，不仅要跳脱出知识提供商的单一角色，还要增强读者黏性。读者黏性在新媒体时代表现为读者在某一个平台停留的时间和对该平台投入的注意力等。从场所层面来说，高校图书馆作为高校师生和科研人员的沟通交流平台，具备社交功能，其智慧化建设应着力增强自身的社交属性，更好地满足高校师生和科研人员的社交需求，将以读者为中心的服务理念贯穿高校图书馆的设施改造、空间规划以及服务创新等方面。

高校图书馆的智慧化建设只有积极地融入信息技术发展的时代潮流，结合新理念、新技术，转变读者思维，不断地创新服务方式，才能促进高校教育改革，实现高校的新发展。

二、制度创新：组织架构的立体化

在数字媒体时代，图书馆制度和组织架构的革新是高校图书馆智慧化建设的关键。当前，高校图书馆原有的部门设置主要以图书馆的工作来进行具体划分，工作流程受制于传统制度，在一定程度上导致图书馆服务质量不高，原有的制度和组织架构已无法满足高校图书馆智慧化建设的需要，无法满足读者的需求，也无法适应时代发展的要求。

在数字媒体时代，高校图书馆面临巨大挑战，应创新组织架构。首先，高校图书馆应设立与数字化时代相适应的职能部门，优化升级原有的机构设置，使组织结构更加完整，与数字化时代的传播要求相匹配。其次，高校图书馆应调整内部组织，更新升级内部组织，更好地适应学校的发展要求。最后，高校图书馆应建立与读者沟通交流的渠道，完善为读者提供服务的相关制度，进一步凸显图书馆的服务功能，满足读者的需求，提升图书馆服务效率，彰显高校图书馆服务的及时性、精准化。

此外，高校图书馆要聚焦学校发展要求，强化以读者为中心的服务理念，在探索开展制度化的创新和组织架构的协调重组的同时，建设智慧化的高校图书馆，主动融入数字时代，更好地传播知识。

三、空间改造：三重空间的改造升级

当前，高校图书馆的智慧化建设可以从图书馆的内部空间入手，通过改造空间，实现智慧校园的建设，这也是高校图书馆转型升级的主要方式之一。传统的高校图书馆建设围绕纸质书籍，空间布局主要以单纯的书架储存为主，以书籍的具体类目进行区域划分。在数智化时代，读者阅读习惯、信息获取渠道发生改变，高校图书馆传统的空间功能过于单一，空间利用率下降，在一定程度上已无法满足为读者提供多元化知识服务的需求，亟须改造升级。

尤其是在公共文化空间，高校图书馆作为该空间的主体，能够形成场域辐射，传播高校的教育理念、科研成果等信息，实现重要信息的有效传播。因此，笔者认为，高校图书馆的空间改造可以从以下方面进行。首先，高校图书馆要对空间进行重新划分，根据高校学科重点，动态地调整图书馆的空间功能性，重视读者体验区的细分和划定。例如，自习区是高校图书馆重要的功能区之一，也是高校师生和科研人员利用率较高的区域，因此，高校图书馆的自习区与阅览区的划分要充分考虑读者的具体需求，提供相对固定的自习区，满足高校师生和科研人员的自主学习需求，并考虑相关资源的配置。又比如，高校图书馆要根据具体需要划定讨论区，提供互联网技术支持，发挥自身社交平台的作用，并根据数字技术发展，增设网络资源查阅区域，灵活组合图书馆的馆内空间，调动读者智能化享有图书馆服务的积极性，提高图书馆的综合利用率。其次，高校图书馆要运用人工智能设备，为读者提供多元的馆内服务，帮助读者合理安排阅读时间，快速查阅馆内相关资料，并建立智能屏幕等智能化

使用馆内设施的智能平台。一方面，高校图书馆借助人工智能可以实时监控馆内各平台运行情况，有利于图书馆流程和服务管理；另一方面，高校图书馆借助人工智能可以让读者了解馆内各空间区域等具体情况，便于读者进行阅读安排。例如，读者可以利用互联网 APP 等实时了解高校图书馆的馆内容纳人数与实际人数，避免考试等时间段图书馆使用的拥堵情形。同时，馆内运行的具体情况、馆内地图等信息的实时共享，也有利于读者实现在线选择座位等智能操作，既节约了高校图书馆的维护和运行成本，又有利于读者灵活使用馆内空间，提高了高校图书馆的空间利用率。最后，在空间传播的范畴下，高校图书馆作为物理文化空间，承载着重要的文化意义，其要充分利用自身的文化标志属性，建设集物理空间、互动空间以及虚拟空间于一体的立体化空间传播载体，并打造立体化的三重空间，使自身更好地履行知识空间、文化空间的重要使命。

四、人才更新：人才的专业性和丰富性

只有不断丰富人才类型，调动人才积极性，完善人才培养体系，加强人才队伍建设，高校图书馆才能适应不断变化的时代发展要求，满足读者对图书馆服务的新需求，最终建成智慧图书馆。

目前，高校图书馆的工作人员配置较为单一，且部分工作人员存在对图书馆工作认识不正确、心态不稳定的情况，未跳脱出对图书馆工作的传统理解，个人主观能动性不强，其知识体系亟待更新、工作态度亟待改变。一方面，高校图书馆要稳定现有优质的专业人才，完善人才培养和培训机制，不断提升专业人才的职业素养和服务能力，强化人才的自我学习能力；另一方面，高校图书馆要吸纳不同专业领域的人才，丰富人才层次，增强图书馆人才体系的丰富性，如大数据人才、人工智能人才以及多学科人才等。

第五章
高校图书馆阅读服务在元宇宙时代的转型研究

元宇宙是人类运用数字技术构建的,由现实世界映射或超越现实世界,可与现实世界交互的虚拟世界,具备新型社会体系的数字生活空间。元宇宙本身并不是新技术,而是集成了一大批现有技术,包括5G、云计算、人工智能、虚拟现实、区块链、数字货币、物联网、人机交互等。

第一节 元宇宙的概念和基本特征

一、元宇宙定义及其基本特征

在2021年之前,元宇宙仅仅只是一个科幻概念。"戴上耳机和目镜,找到连接终端,就能够以虚拟分身的方式进入由计算机模拟、与真实世界平行的虚拟空间。"维基百科定义的元宇宙概念,或称为后设宇宙、形上宇宙、元界、超感空间、虚空间,被用来描述成一个未来持久化和去中心化的在线三维虚拟环境。媒介技术的发展不断推动着信息领域的革新。

Roblox首席执行官David Baszucki提出元宇宙的八大基本特征:身份、朋友、沉浸感、低延迟、多元化、随地、经济系统和文明;Beamable公司创始人 JonRadoff 提出构建元宇宙的七个层面：体验、发现、创作者经济、空间计算、去中心化、人机互动和基础设施。元宇宙主要具有文明性和交融性两大特征，而文明性包含虚拟性、附属性、独立性和统一性四个内容，交融性包括共建性、即时性、沉浸性和服务性四个内容。

二、元宇宙图书馆研究文献综述

国内较早关注元宇宙图书馆研究的是重庆大学杨新涯。2021年，杨新涯等撰写的《元宇宙是图书馆的未来吗?》一文，刊载于《图书馆论坛》2021年第12期上，在文章中，杨教授提出值得探索的未来元宇宙图书馆虚拟环境、文献大数据的深度标引、智慧服务等技术问题。此后，杨教授的两篇学术论文《图书馆与图情学科携手元宇宙新赛道》和《元宇宙视域下的图书馆虚拟服务》分别发表在《数字图书馆论坛》2022年第7期和《图书馆论坛》2022年第7期上，文章专门论及元宇宙为图书馆、图情学科提供新赛道和虚拟服务的问题。司莉、华子荀、张庆来、张兴旺、辛海霞等学者认为，图书馆界应投身探索研究元宇宙时代的角色和服务模式构建中，参与其虚拟社会的全民阅读研究洪流中，创建全新的教育型元宇宙图书馆，以服务为主，带动管理和资源共同协调发展才是科学合理的图书馆发展观。2022年，赵星提出元宇宙研究的虚实互动、技术互联、人文互利的三大理论原则。张兴旺等认为，将元宇宙图书馆与信息物理紧密融合展开研究，信息物理融合是图书馆元宇宙从"软"到"硬"、从"虚无"到"落地"、从理论到实践的关键所在；吴建中、储节旺、蔡迎春等学者认为，元宇宙图书馆是将图书馆智慧化走向智慧图书馆化。范并思在2022年第6期《中国图书馆学报》的《图书馆元宁宙的理想》上强调了图书馆人在元宇宙生态下的担当，认为关注和研究元宇宙是由图书馆的使命和价值所决定的，图书馆人需要创新文化和技术文化，图书馆要帮助用户理解元宇宙。

就国外相关研究而言，英美等国在十九世纪后半叶，高校图书馆就致力于融教化功能于"阅读活动"之中，热衷于研究图书以保证图书馆尽可能收藏

"好书"并吸引读者阅读。美国图书馆学家杜威提出的"以最小的成本将最好的图书提供给最多的读者"是极具代表性的观点。关于元宇宙的研究出现在近两年。韩国学者李丞桓在《一本书读懂元宇宙》中，设想了元宇宙图书馆的场景是"虚拟平行阅读世界"：虽身在家中，但能在虚拟图书馆中挑书，找座位看书，甚至在图书馆阅读收获的收益可以换算成现实中的货币，等等。国外关于元宇宙研究大多起源于游戏创想和市场驱使的经济学。元宇宙为人类提供了一种近乎无限的潜力，它将为人们提供新的 3D 环境，让人们交流、购物、学习、阅读、工作，以及做任何通常可以在互联网上做的事情。美国 Roblox 首席执行官 Dave 认为其公司为元宇宙提供工具和技术，未来的元宇宙是由用户创造的；日本元宇宙探索"虚拟世界＋社交网络"；韩国政府成立元宇宙联盟。美日韩的元宇宙研究更多地强调了元宇宙理念和投资的共同融合发展。

三、开展元宇宙时代阅读服务理论研究

在全面广泛的文献研究基础上，结合元宇宙在教育中的具身认知理论（身心合一）、分布式认知理论（认知分布于个体内、个体间、媒介、环境、文化、社会以及时间之中）、沉浸式理论（心流理论），探析元宇宙时代图书馆"以人为本""读者至上"的平等、公平、德性的虚拟空间阅读服务理论构建研究，以期进一步充实元宇宙图书馆阅读服务内涵，改变当前过度的泛娱乐化、社交化倾向，为图书馆数智化、智慧化转型赋能。

元宇宙中的道德、经济、安全等社会失范问题需要纠偏，元宇宙的社会控制箭在弦上。元宇宙的规则架构应当体现多元共治理念，包括内在控制规则与外在控制规则。内在控制规则在元宇宙中占据支配地位，当出现失灵状况时，需要外在控制规则的特殊干预。消解元宇宙带来的伦理之困、维护良善有序的元宇宙空间秩序，有赖于元宇宙的伦理规则与自治规则。需要从元宇宙内部视阈、元宇宙与现实世界的比对交互以及元宇宙间的互联互通三个层次构建外在控制规则。

四、基于元宇宙的智能在线阅读服务环境构建研究

量化虚拟空间馆藏利用数据，研究图书馆与读者阅读服务中的伦理现象对冲具象化融合，探索我国高校图书馆在线阅读服务环境的构建机制及其制约因素，包括构造环境、信息环境、心理环境和文化环境，实现在线阅读服务的全景式阅读服务模型，提升图书馆阅读服务的生命力、价值力、精神力和智慧力。

作为在信息时代创造出来的新型虚拟社会，元宇宙通过"沉浸现实"和"数字孪生"等途径与现实物理社会发生互动，形成两个相互交叉的世界，并分别形成了法治、共治和自治三个基本治理逻辑。在纯粹的现实世界里，人们不仅应为元宇宙建设提供技术基础设施，还同时应用法治为元宇宙的有序发展提供制度基础设施。在现实世界与元宇宙交叉互动的交互层里，来自现实世界的制度规范和形成于虚拟世界的制度规范可以进行协作共治。在纯粹的虚拟世界里，应由元宇宙进行独立自治。为了更好建设元宇宙以服务人类社会的需求，需确立如下几个治理元宇宙的法治原则：建构治理元宇宙的"法律＋技术"二元规则体系；以现实世界的刚性法律确认并保障元宇宙"去中心化治理"机制的实现。

五、元宇宙时代未来应用前景

探索元宇宙时代高校图书馆阅读服务中沉浸式体验的可行性路径和对策，开展基于旁观者视角的"他者"同理心阅读服务，开展基于学习者视角的"主体"个性化阅读服务领域以及基于"超越者"视角的"真实"第二生命体验的阅读领域的服务模型探索研究。

从概念和技术背景来看，元宇宙并非全新的事物。通过元宇宙这个虚拟现实空间，人们可以更好地进行线上交流和游戏，但它不会成为人类的未来。元宇宙对现行法律秩序构成一些挑战，但并没有为元宇宙时代构建独立法律秩序的必要性。在元宇宙应用的法律规制层面，针对元宇宙的特点和分层治理，应

积极保护数据利用、引导算法向善、引导元宇宙服务平台承担主体责任和促进平台自治。

元宇宙本质是物理世界的数智化，可以称之为虚实结合的下一代物联网。目前技术尚不足以建设一个普遍的元宇宙。典型情况下，读者以化身登录的方式在元宇宙生存交互，带来了数字身份认证难题。服务商数据安全保护义务、同意规则与隐私保护规则面临新的挑战，催生了以"个人为中心"的数据利用模式。NFT促使元宇宙实现了从传统互联网信息转移功能向价值转移功能的蜕变，仍然需要符合通证化的一般理论，其本质为权利凭证。元宇宙的监管需要包含社会规范、法律、市场和架构在内的多元融合规制体系。

第二节 研究元宇宙时代阅读服务的重点和难点

元宇宙作为全新研究领域的互联网新形态，为高校图书馆阅读服务应用研究开启了新的研究疆域。国内有关高校图书馆阅读服务的研究，主要是在信息技术和图书馆学的学科背景下展开，已形成丰厚的学术成果。高校图书馆阅读服务在元宇宙生态下的创新机制研究，有其深刻而严谨的理论逻辑，也有其直接而充分的现实依据。

一、理论和实际应用价值

作为一种综合性研究，元宇宙生态下高校图书馆阅读服务创新机制研究分别是元宇宙技术创新、高校图书馆服务创新和高校图书馆阅读服务创新研究的重要组成部分；同时，元宇宙生态下高校图书馆阅读服务创新机制研究又具有相对的独立性，它分别超出了元宇宙技术创新、高校图书馆服务创新和高校图书馆阅读服务创新研究的边界，具有其自身存在的特殊性。就其现实依据而言，从我国图书馆文化的发展来看，图书馆阅读服务创新机制研究是推进我国文化自信自强、提高全社会的文明程度、增强中华文明的传播力和影响力的实际需要。而从世界普遍追求的道德文明的视角，图书馆阅读服务创新机制研究更是促进科技文明发展的必然要求。

研究迹象表明，高校图书馆阅读服务创新机制研究是新时代的新鲜事物，是中国特色社会主义发展中图书馆学科发展及不同学科间交流不断扩大的结果。党的二十大报告提出："深化全民阅读活动。"对于构建中国特色的图书馆学理论体系，加快我国图书馆学阅读服务理论的全面发展，实现推动中华文明的传播力和影响力，实现我国各图书馆发展中的平等、团结、共同繁荣，促进社会和谐和政治稳定等诸多方面而言，元宇宙生态下高校图书馆阅读服务创新机制研究具有广泛的学术价值及重大的现实意义。

本研究将在充分吸纳和总结国内外相关研究成果的基础上，紧紧围绕"高校图书馆阅读服务在元宇宙生态下如何创新"的问题展开一般性研究。从其理论价值来看，为推进我国高校图书馆阅读服务创新机制研究的有序开展和规范前行，需要构建元宇宙生态下的高校图书馆阅读服务理论体系，力图建构研究元宇宙生态下高校图书馆阅读服务创新机制问题的理论体系，从而推进我国高校图书馆阅读服务研究的拓展和深化奠定学理基础、厘清研究框架；从其实际应用价值来看，为促进高度重视全民阅读的中国特色的高校图书馆阅读服务创新研究，需要探索基于元宇宙生态下高校图书馆阅读服务的实践经验。对当代世界主要国家在元宇宙生态下的高校图书馆阅读服务实践，进行梳理、概括和总结，力图提炼和归纳其中带有规律性、普适性的总结，从而为促进我国高校图书馆阅读服务工作提供有益的参考和借鉴。

二、研究目标、研究内容、拟突破的重点和难点

在数据智能的基础上，虚拟世界与现实世界的快速融合可能成为未来30年最大的社会变革之一。这一自信息时代就已开始的历史进程，将重塑几乎所有赛道的业态。对信息资源管理领域而言，是机遇，更是终极挑战。而业态优化与重塑，核心在于"先立后破""破立并举"，治理是其中最关键的环节之一。元宇宙发展的现有风险中，脱实向虚、游戏为先、治理未预三大问题较为

集中，本质上则是对于急速爆发的前沿领域、传统的管理和应对方式力有未逮。

（一）研究目标

在充分借鉴和吸收国内外相关研究成果的基础上，紧紧围绕"元宇宙生态下高校图书馆阅读服务创新机制"，展开一般性研究。主要研究目标包括两个方面：第一，建构元宇宙生态下高校图书馆阅读服务的理论体系，为推动高校图书馆阅读服务研究的深入开展、规范实践奠定学理基础，厘清研究框架；第二，通过对于高校图书馆以元宇宙为背景开展的阅读服务实践，进行梳理、概括和总结，提炼和归纳出其中带有规律性的、普适性的经验和结论，从而为促进我国高校图书馆在元宇宙生态下的阅读服务提供有益的参考和借鉴。

（二）研究内容

第一，有关元宇宙生态下高校图书馆阅读服务创新机制研究本身的思考，即回答元宇宙生态下高校图书馆创新机制研究何以可能的问题，作为一个全新领域研究的拓展，对元宇宙生态下高校图书馆阅读服务创新机制研究本身进行系统论证和体制规范是很有必要的，这既可以为此项研究的合理进行寻找价值依托，也可为此项研究的有序开展奠定学理基础。具体内容可以包括元宇宙生态下高校图书馆创新机制研究得以成立的理论逻辑、现实依据及元宇宙生态下高校图书馆创新机制的研究对象，等等。

第二，有关元宇宙生态下高校图书馆阅读服务创新机制的内涵研究，即回答究竟什么是元宇宙生态下高校图书馆阅读服务的问题，其具体内容主要包括元宇宙生态下高校图书馆阅读服务的定义、特点、实质、基本模式，等等。

第三，元宇宙生态下高校图书馆阅读服务的理论溯源，建构元宇宙生态下高校图书馆阅读服务的理论体系不是闭门造车，它不是凭空产生的，而是建立在国内外相关理论研究成果的基础之上的。我们认为，这些可供参考和借鉴的理论除了前面提到的图书馆阅读服务研究、高校图书馆阅读服务研究、元宇宙图书馆理论研究，等等，对于这些理论主张的梳理和总结，有利于提炼和建构起元宇宙生态下高校图书馆阅读服务理论体系。

第四，元宇宙生态下高校图书馆阅读服务的起点。元宇宙生态下高校图书馆阅读服务的起点是全民阅读理论体系的构建。全民阅读理论体系的构建包括专业化的阅读服务体系和非专业化的阅读服务体系的构建。就专业化阅读服务体系构建而言，主要包括：其一，全民阅读体系和专业阅读体系的构建。其二，全民阅读中普适性阅读体系的构建。就非专业化阅读服务体系构建而言：高校图书馆利用元宇宙技术通过阅读服务促进阅读甚至激励用户阅读，改变传统的阅读服务模式，创建"去图书馆"阅读服务趋势。

第五，元宇宙生态下高校阅读服务的过程。我们认为，这一过程主要表现为元宇宙生态下高校图书馆阅读服务体系的自我完善。具体而言，这种自我完善可以包括高校图书馆阅读服务的合理化、普遍化、科学化、民主化、平等化，等等。

第六，元宇宙生态下高校图书馆阅读服务的目标。我们认为，元宇宙生态化高校图书馆阅读服务的目标是推进文化自信自强，提高全社会的文明程度，增强中华文明的传播力和影响力。其主要表现为：元宇宙图书馆与数字图书馆的协调发展，阅读服务主体与阅读服务客体的和谐统一、阅读服务对象与阅读服务方式的协调发展、阅读服务模式与阅读服务核心的构建与契合，等等。这些内容构成了对"高校图书馆阅读服务在元宇宙生态下的研究目标"进行研究的主要方面。

第七，元宇宙生态系统高校图书馆阅读服务在当今世界的实践与经验总结。将选取当今世界主要国家的部分高校图书馆阅读服务进行历史演进发展研究。选取的国家主要为中国、美国、德国、日本、韩国这五个国家。因为这五个国家的阅读服务发展历程，基本代表了不同的图书馆阅读服务类型。在对这些国家阅读服务的发展历程梳理和总结的基础上，概括和提炼出各国高校图书馆阅读服务的基本经验和一般规律。

（三）拟突破的重点和难点

拟突破的重点主要包括：第一，元宇宙生态下高校图书馆阅读服务的内涵。目前国内尚未就元宇宙生态下高校图书馆阅读服务的内涵达成共识，而本研究试图就此展开研究，提出一个完整而规范的高校图书馆阅读服务的内涵。第二，专业化的阅读服务体系和全民阅读服务体系的构建。专业化的阅读服务体系和全民阅读服务体系的构建对于图书馆阅读服务的发展而言意义重大，这一构建过程可以极大程度地提升图书馆阅读服务的水平和质量。由此，对于专业化的阅读服务体系和全民阅读服务体系的构建进行历史性的回顾和构建模式的总结是一件非常有意义的事情。第三，元宇宙生态下高校图书馆阅读服务体系的自我完善。高校图书馆阅读服务体系的自我完善对于一个国家的经济社会发展具有重要作用，图书馆事业的发展是否适应国内经济社会发展的需要，进而推动其发展，直接关系到国家发展的前途。由此，对于此问题的研究具有重要的理论价值和现实意义。第四，元宇宙生态系统高校图书馆阅读服务在当今世界的实践与经验总结。说到底，理论是为现实服务的，图书馆阅读服务创新机制理论体系的构建，其目的也要为国家民族的文化发展实践服务。由此，运用图书馆阅读服务理论来观察、分析和总结当今世界各国高校图书馆阅读服务发展实践，得出可供参考和借鉴的成功经验及一般性结论，就成为本研究的重点之一。

拟突破的难点主要包括：第一，元宇宙生态下高校图书馆阅读服务的实质。目前国内对这一问题的回答存在一定的争议。范并思对元宇宙的理想充满期待，吴建中、刘炜等把元宇宙图书馆比拟为"天堂的具象"，赵星则更倾向于在元宇宙生态下高校图书馆阅读服务理论体系本身的发展与完善中寻求可能的答案。本研究将对此问题进行深入的研究，力争提出一个逻辑严谨、理由充分的结论。第二，关于中国特色的元宇宙生态下高校图书馆阅读服务和世界高校图书馆阅读服务体系的构建。尝试在研究对比不同国家的元宇宙生态下高校图书馆阅读服务体系的构建基础上，一般性地讨论其构建的规律和模式。就目前国内图书馆学界而言，这方面的研究成果比较罕见。第三，如何实现元宇宙生态下高校图书馆阅读服务中的馆员身份与用户身份的和谐统一、图书馆利益与用户利益的协调发展、用户身份认同和公民身份认同的构建与契合，是一个有待深入研究、系统论证的问题。随着元宇宙技术的不断成熟，过去隐藏在统一模式之下的公共图书馆与高校图书馆之间的差异和发展等问题逐渐浮出水面，由此引发的不同阅读服务理念问题成为威胁公共图书馆和高校图书馆稳定的重要因素。近年来，在我国也开始出现研究元宇宙图书馆技术的热潮，用户对图书馆的需求意识弱化、图书馆之间的合作意识淡化的趋势也有所体现。面对这一业态的态势，回答好上述问题显得非常必要而迫切。

元宇宙高度依赖可穿戴式设备和5G互联技术等高新技术，其参与者具有肉身性与化身性的身份重叠特征，融合了个人的身份系统、社交系统和经济系统，具有去中心化的创意者经济范式。研究元宇宙时代的阅读服务是未来高校图书馆阅读服务的重点，同时也存在极具挑战性的难点。

三、元宇宙时代阅读服务的重点和难点

构建现实资源空间和虚拟资源空间无缝融合，量化虚拟空间馆藏利用数据，研究图书馆与读者阅读服务中的伦理现象对冲具象化融合是本研究最需要突破的难题。在研究中开展实证服务，使不爱阅读的人爱上阅读，使不会阅读的人学会阅读，使阅读有困难的人跨越阅读的障碍，构建在线全景式拟真元宇宙图书馆阅读场景雏形，颠覆人们对传统图书馆阅读服务的刻板印象，使图书馆阅读服务成为一种理想的学习生活方式，是本研究现在和未来的研究中以期达到的图书馆阅读服务的最终目标。

研究成员对案例的服务方式、融合教育内容、实施主体（教师读者和学生读者）进行实地考察研究，这会耗费大量的人力物力，这也是本研究需要突破的难题。同时研究成员还需要对比分析读者在元宇宙时代阅读自觉的渗透程度和渗透效果，进而根据调查数据分析此次研究的实效性，这需要一个漫长的总结经验规律的过程，时间跨度较大，这也是本研究面临的现实难题。

第三节　元宇宙时代高校图书馆阅读服务研究方向

一、研究的创新之处

元宇宙降临，新世界开启。作为当前产业界最热门的新兴赛道之一，元宇宙描绘了人类世界的终极形态，回应了意识生命的不灭梦想。元宇宙将业态的场景、社会的互动和虚实的张力以数字的方式复刻，再回归现实，其实并非全新事物。元宇宙本质上仍是网络虚拟空间，叠加数据和智能后，成为未来数智世界的一种理想具象。

（一）研究视角的创新

研究突破了图书馆学传统的、单一的阅读服务形式，结合伦理学、教育学、人类学、社会学等学科理论知识进行分析。探讨元宇宙时代高校图书馆阅读服务转型发展，进行图书馆阅读服务和国家战略融合研究，探索图书馆阅读服务中"人与物"、人与"虚拟人"、人与"虚拟我"、"虚拟人"与"虚拟人"的伦理关系，是对我国图书馆学理论和实践的补充和完善。

（二）研究内容的创新

元宇宙时代高校图书馆阅读服务研究应适应我国新发展理念，拓展全民阅读服务研究疆域。探索培养"一精多会""一专多能"的复合型人才的可行性，提出构建智能阅读服务虚拟环境的重要性，也是为未来图书馆学发展方向提供研究内容与文献参考，为我国图书馆学新的研究视野赋能，探索元宇宙在图书馆阅读服务中的发展逻辑，将会拓展图书馆学阅读服务研究领域。

二、研究元宇宙阅读服务应采用的研究方法

研究方法是运用智慧进行科学思维的技巧，一般包括文献研究法、观察研究法、思辨研究法、行为研究法、历史研究法、概念分析研究法、比较研究法等。研究方法是人们在从事科学研究过程中不断总结、提炼出来的。由于人们认识问题的角度、研究对象的复杂性等因素，元宇宙阅读服务研究方法本身在一个不断地相互影响、相互结合、相互转化的动态发展过程中。

（一）文献研究法

对元宇宙阅读服务研究内容进行累积性知识的回顾，是本研究过程中基础性的早期阶段，充分借鉴吸收国内外专家学者给予本领域的研究成果，探索本研究已有研究成果的伦理原则，分析研究现状的不足，对发现的重点观点和表述做一个详细的整理和分析，为论文以及研究报告提供理论指导和借鉴，对阅读服务的重要意义和价值进行深入分析，更好地把握研究方向和研究方法，为课题研究提供更有价值的研究材料。

（二）问卷调查法

在此研究中，开展符合伦理范畴的问卷调查研究法，通过问卷调查对元宇宙时代本科应用型高校图书馆服务内容的渗透和问题进行全面的调查分析，同时问卷中要体现"幸福阅读"的伦理关怀等服务理念，通过问卷调查向广大师生读者收集元宇宙时代本科应用型高校图书馆阅读服务相关的对策和建议，进行实证研究和实践探索，并对相关调查数据整理和分析，为研究成果提供相关依据。

（三）定性定量分析法

定性分析与定量分析是人们认识事物时用到的两种分析方式。定量研究遵循线性路径，强调客观性；定性研究遵循非线性路径，强调研究者的背景环境

和具体细节,或是特定的文化历史情境。

（四）跨学科分析法

研究将跳出图书馆阅读服务线下服务单一的学科视野,借鉴 AI 技术、人工智能、伦理学、人类学、社会学等多种学科理论的有关观点,深层次探索重庆市高校阅读服务转型的人才培养模式,推动我国图书馆文化事业的长远发展。

阅读推广研究深受阅读学和传播学的影响,但也有自己的目的、内容、方法、结构和范畴体系,这些都区别于阅读学和传播学研究。阅读推广研究的目的是通过研究促进阅读,对于图书馆而言就是发展读者并促进馆藏的利用;阅读学的目的是探求阅读的机理、掌握阅读的规律、提高阅读效率;传播学的目的是探究人类传播行为和过程的规律。阅读推广研究与阅读学和传播学在内容方面有一定交叉,例如对于推荐书目的研究、媒体特点与阅读效果的研究、阅读动机和阅读行为方面的研究、特殊人群阅读特性的研究、传播效果和过程的研究、受众特点的研究等,但在内容主体和研究的侧重点上还是有所不同。在研究方法方面,阅读推广研究多采用各类调查统计方法;阅读学研究由于涉及人的认知和心理过程,除调查统计方法之外,还常用实验方法;传播学的研究方法十分丰富,值得学习借鉴的地方很多。从研究体系角度看,阅读推广研究更接近于传播学,而阅读学则偏向社会学和心理学等。有时很多研究课题属于交叉领域,很难严格区分。例如,对于数字媒体与纸质媒体在阅读特点方面的对比研究属于阅读学研究,效果方面的研究属于传播学研究,而如何利用这些特点达到一定阅读效果的工具性研究就是阅读推广研究。在这里,这三类研究是非常接近的。另外,图书馆学对阅读推广理论研究的影响也是很大的,图书馆阅读推广研究本身即是图书馆学的一部分,阅读推广作为图书馆的一项重要活动正在丰富着图书馆学的基本内容。

三、研究元宇宙时代高校图书馆阅读服务的路径和意义

数智世界指基于数据和智能运行的虚实结合的新世界。元宇宙可视为未来数智世界的一部分或一类空间。现阶段要精准定义元宇宙存在失误的可能，本书姑且从广义上将其表征描述为：数字虚拟世界的全集。将时光倒拨30年，钱学森先生等人提及的"灵境"概念是比元宇宙更有启发意义的用词。以虚拟描绘现实，在现实的基础上通达人类美好精神世界的"灵魂之境"，这种表达启示了未来数智世界的正确方向。

（一）研究的实践路径与策略

元宇宙技术为图书馆发展带来更多的可行机遇和发展空间，应正确厘清智慧图书馆和元宇宙技术应用的辩证关系。首先，元宇宙技术是智慧图书馆发展的催化剂，可以促进两者融合发展；其次，元宇宙技术应多元呈现但需不忘本源，在智慧图书馆中适度应用；再次，元宇宙技术可以助推智慧图书馆的长远发展，在规划中要放眼全局。最后，构建"专家智慧库"的实现框架，将图书馆的"资源＋""服务＋""平台＋""空间＋"四大要素融入智慧图书馆，实现对传统图书馆的全面超越。

探索元宇宙时代智慧图书馆的实践路径是研究的必然之路。基于"智慧图书馆是以人的智慧为核心"的重新认知，以及元宇宙技术的全新赋能，笔者尝试构建智慧化阶段"专家智慧库"的实现框架。该框架旨在通过各项元宇宙技术的加持，将图书馆的四大要素融入智慧化建设过程，通过创设互联互通的智慧平台和虚实融生的环境空间，重点发挥学者、学生、馆员等人的因素，通过多元知识的深度整合和协同创新的智慧服务，实现所有参与者智慧的激发生成、记录保存和交流传播的循环模式，达到建设融合学者的显性知识和隐性知识的"专家智慧库"的核心目标。

1. 以融合显性知识与隐性知识的专家智慧库为建设核心

元宇宙是利用云计算、VR/XR、5G、3D图像渲染、边缘计算、人工智能

等技术构建的虚实融合的数字新世界，智慧图书馆是元宇宙时代新技术之间相互融合、相互支撑下的图书馆新形态。在以免疫为核心特征的可信计算3.0加持下，智慧图书馆的数据能够进行可信的演绎和验证，形成安全可信的智慧图书馆的物、场、域。

在此背景下，通过超高精度的运算和无与伦比的3D仿真技术，将专家的意识、思想、创意在虚拟世界中被极佳地渲染出来，达到堪比现实世界的效果。甚至在更多场景下的"真实度"可以完全超越现实世界，让虚拟世界的专家比现实世界的还要"真实"，让专家的隐性知识"显"出来，让显性知识"活"起来，让活起来的知识"聚"起来，达到思想、意识、创意的无限连接，形成一片恢宏的"专家意识的星辰大海"。这无疑是对传统知识管理模式的颠覆性创新，在元宇宙时代，这种创新变得无限可能。智慧图书馆的终极核心目标是提供智慧化的"知识服务"。

2. 以虚实融生的环境空间和互联互通的智慧平台为关键要素

元宇宙借助数字孪生和虚拟现实等技术，可以为智慧图书馆发展提供全景式新场域，营造虚实融生的智慧图书馆空间环境与应用场景，为用户创设一种便于激发灵感、形成智慧的场域。

智慧资源的存取利用、虚拟环境的创设和智慧服务的开展，都离不开图书馆互联互通的智慧平台。类型丰富的显性知识和隐性知识，都需要依托于"专家智慧库"平台予以整合和揭示；虚实融生的空间环境和形式多样的元宇宙技术也有赖于智慧化的服务管理平台予以灵活调配和掌控。互联互通的智慧平台犹如智慧图书馆的中央指挥部，将方方面面的资源、空间、服务都通过元宇宙技术串联起来，运筹帷幄其中。如智慧化的交互设备能够将图书馆的多元数字资源进行多维度关联，通过数据中台随时调用，实现数字资源的虚拟化呈现和场景切换、实体交互。同时还可以联通元宇宙中的用户与智慧图书馆，满足用户在现实环境与虚拟场景中的虚实融生的图书馆服务需求。

3. 以多元知识的智慧管理和协同创新的智慧服务为终极目标

虚拟人是元宇宙世界的公民，是自然人在虚拟世界的核心载体，专家智慧库的知识是虚拟世界的"资产",也是现实世界的资产。若想实现虚拟世界多元知识的深度整合与智慧化管理,就要着力构建"全能"的虚拟人,使其可以全面承载专家的各项数据,并在此基础上将专家的知识资产与虚拟人实现互信绑定,互联互通,这是实现智慧化知识管理的关键。

搭建可以全面承载专家各项数据的虚拟人后,让学者专家化身为虚拟世界中的新"人类",进而可实现对专家知识"资产"的激发、识别、生成、保存和传播的全过程智慧化管理。智慧化知识管理的理想效果是实现智慧的激发生成、记录保存和交流传播。其中智慧的激发生成是关键要素,主要包括灵感的激发、观点的创造、知识的创新;智慧的记录保存主要包括观点的文本化表述和记录、观点支撑内容的创作和自动生成;智慧的交流传播则主要包含观点和内容的传播、共享和利用,进而促成智慧的再生发、再创造。

未来,随着脑机接口技术在芯片、算法、应用等环节的不断突破,将有可能给人类的生活模式带来一场革命性的改变。在图书馆智慧化的知识管理中,要重点发挥学者、学生、馆员等人的因素,促进智慧的交流传播和利用,从而实现协同创新的智慧服务。

如用户可以进入图书馆元宇宙空间,通过发布科研资源、课程信息、文献资料、建议观点等个性化行为实现智慧的交流与传播;也可以通过用户画像和动态模拟分析等功能为用户建立起个性化的实时交互知识服务体系,同时也让虚拟人拥有自主学习能力,从而推动实体人与虚拟人的智慧交互与传递。

此外,在学术科研环节的支撑方面,数字孪生用户还能通过精准画像来分析用户需求,将研究现状与专业知识进行智慧化的整合,生成初步的文献综述,从而在学者观点支撑等方面发挥效用。这些都是实现智慧的生成、记录保存和交流传播的智慧服务的未来可行愿景。

(二)研究元宇宙的理论意义

图书馆阅读服务是人类探索世界所获取的全部知识的储存、整理和利用的社会基本保障制度,社会离不开图书馆,真实社会和虚拟社会都离不开图书馆。积极研究图书馆未来在元宇宙时代的自身价值、发展模式和机遇，是图书馆应有之态，图书馆需要有"仰望星空""索骏探月"的情怀，时刻关注前沿技术的最新进展，积极融入元宇宙的全新社会体系之中。

元宇宙研究聚焦概念化服务研究，在高校图书馆阅读服务中显性的专业性和学术性特点研究中，融入"元宇宙"概念研究，颠覆传统纸质阅读服务空间内涵，促进本科高校专业适用性向应用实用性转化，学术性向实用性转变，实现技术与文明的变迁，实现现实与虚拟的融合，促进人的自由全面发展，推动元宇宙时代高校图书馆文化基本理论雏形构建。以期进一步充实元宇宙图书馆阅读服务内涵，改变当前过度的泛娱乐化、社交化阅读倾向，为图书馆数字化、智慧化转型赋能。

智慧图书馆是当下图书馆发展的新阶段，但不是最高阶段，也绝不是最终阶段。图书馆是一个生长着的有机体，未来的图书馆必然比今天的图书馆更智慧、更先进。或许，因为智慧一词的宽广博大，今天的智慧图书馆阶段不得不被定义为"智慧图书馆1.0"，人们当下要做的，就是努力让今天的所作所为对得起"智慧图书馆"这一词汇的内涵。随着数据、算法、算力的全面升级，人类步入元宇宙时代已不再遥远，元宇宙时代的智慧图书馆，一定是一个前所未有的超现实的互联网空间，在这个超现实的空间里，图书馆的场景和应用得到极大的扩展和延伸，这场变革必定是革命性的，必将以全新的形态，从功能和服务上对传统图书馆形成全面超越，这不失为令图书馆人激动的梦想。

（三）研究元宇宙的实践意义

在元宇宙和数智世界仅有雏形的当下，完全厘清治理逻辑并不现实，但互联网、智能手机和社交媒体等相关产业的历史发展，已给快速爆发产业的规划与治理提供了鲜活的案例，"先立后破"和"破立并举"的治理有望在元宇宙细分行业中迎来第一批成功案例。政府治理智慧是构建和维护有序世界的关键，机制的有效规范、智能的高度融入和政产学的动态协同三者叠加，形成合力，才能自上而下传导政府智慧力量，自下而上释放业界创新活力。

以元宇宙时代高校图书馆阅读服务转型研究的前沿视角为起点，始终坚持"以人为本""读者至上"的服务理念展开虚拟社会阅读服务转型研究，有助于培养图书馆职业使命感，深入探索高校图书馆阅读服务的生命力、价值力、精神力和智慧力。系统地厘清在元宇宙时代读者阅读习惯养成的实践过程以及心理路径，从而建构提升读者阅读情怀和信息素养的有效路径和模型，搭建图书馆阅读服务的元宇宙阅读服务虚拟平台，从"小服务"虚拟空间着手，形成"大阅读"理想格局，构建"全民阅读"元宇宙高校图书馆文化服务思想，有效地促进图书馆阅读服务模型的高质量发展，尤其对促进高校读者个性化和共性化融合发展有超前的启示和指导作用。

对于高校图书馆及相关行业机构而言，元宇宙在技术、应用和场景上都存在机遇，但也或许是终级的挑战。待"爆款"产品正式引爆产业，便是元宇宙真正面世之时，信息的采集、组织、分析和传播模式必有翻天覆地的变化。现有高校图书馆会有截然不同的存在和运行模式，抑或有全新的形态迎来新生，将是值得学界和业界系统性讨论的问题。

第六章
高校图书馆
阅读服务经典推介转型

高校图书馆推广经典阅读的研究文献最早可见于 2006 年，郑惠生提出应该高度重视图书馆的经典名著建设，高校图书馆有必要专门设置"经典名著阅览室"或"经典名著专柜"，因为经典名著阅读对大学生文化素养的提高至关重要。

教育部在十大"育人"体系建设的政策文件中提出："要加强文化育人，深入开展中华优秀传统文化、革命文化、社会主义先进文化教育，推动中国特色社会主义文化繁荣兴盛。"

教育部 2020 年印发的《高等学校课程思政建设指导纲要》中指出："落实立德树人根本任务，必须将价值塑造、知识传授和能力培养三者融为一体、不可割裂。全面推进课程思政建设，就是要寓价值观引导于知识传授和能力培养之中，帮助学生塑造正确的世界观、人生观、价值观，这是人才培养的应有之义，更是必备内容。"

第一节 高校图书馆推介经典阅读的影响因素

为了明确高校图书馆推介经典阅读的影响因素及对策，深入探讨影响高校图书馆推介经典阅读的主要因素，并提出针对性改善策略，为高校图书馆推介经典阅读提供理论及实践依据。

一、支持保障性因素

图书馆因素是高校图书馆推介经典阅读的支持保障性因素。空间布局、基础设施等空间设施是经典阅读推介的催化剂，直接影响读者的阅读行为。馆员素养、培训引导、推介方式等信息服务方式是经典阅读的支持保证，直接影响读者对阅读的认知和对图书馆的认知。

二、直接影响因素

读者因素是高校图书馆推介经典阅读的直接影响因素。读者的阅读需求是读者阅读行为的根本基础，读者的阅读认知是读者阅读行为的根本动力。阅读习惯、阅读书目等读者阅读需求直接影响图书馆推介经典阅读的内容，读者对阅读的认知、对图书馆的认知直接影响图书馆经典阅读推介的信息服务方式，阅读载体选择、阅读环境选择等读者的阅读行为影响着图书馆空间设施改造的方向。

三、间接影响因素

家庭因素、学校因素是高校图书馆推介经典阅读的间接影响因素。家庭因素中父母的文化程度和教育理念直接影响家庭的阅读计划、阅读书目，家庭收入直接影响家庭收藏书目计划，无形中形成的家庭阅读氛围直接影响着家庭成员的阅读需求、阅读认知和阅读行为。学校因素中的培养目标、人文环境等教育理念决定了学校的课程设置，学校的教育理念和课程设置一方面直接影响着师生的阅读需求、阅读认知和阅读行为，另一方面也影响图书馆的馆藏资源和服务方式。

四、外部驱动因素

社会因素是高校图书馆推介经典阅读的外部驱动因素。社区阅读推介活动、中小学阅读推介、公众号等阅读平台的兴起，以及相关经典阅读文件的发布，在全国上下形成了经典阅读的社会氛围，推动着学校、家庭、个人、图书馆的阅读发展，各因素合力驱动图书馆经典阅读推介活动。

各种因素相辅相成，高校图书馆在阅读服务中，全面解决各种因素之间的矛盾与协调，积极主动推介经典阅读服务，才能更好地推动图书馆服务的高质量完成，达成在发展新质生产力过程中的高校良好阅读文化氛围的铸成目标。

第二节　高校图书馆经典阅读服务的时代定位

阅读推广已发展成为图书馆的主流服务。阅读推广的目标人群是全体公民，重点是特殊人群。阅读推广的理论特征包括阅读推广的属性定位、目标人群、服务形式和价值基础。体现图书馆核心价值的阅读推广的最终目标是通过阅读提升公民素养，使不爱阅读的人爱上阅读，使不会阅读的人学会阅读，使阅读有困难的人跨越阅读的障碍。

一、国家层面的明确规划

从 2014 年到 2023 年的十年时间里，"全民阅读"连续被写入我国政府工作报告，阅读服务成为全国自上而下的社会期盼和关注重点。在我国大力提倡"全民阅读"的背景下，国家图书馆、公共图书馆、学校图书馆等各类图书馆也纷纷开启自身阅读服务的新模式。2018 年 1 月 1 日起正式施行的《中华人民共和国公共图书馆法》作为我国首部文化类法律，文案中就公共图书馆的基本职能、基础建设、社会服务和机制运行进行了详细阐述，并指出公共图书馆要适应新时代发展，承担起文化建设的社会责任，这部法规成为图书馆发展法治史上的一项里程碑。近年来，国家层面不断对社会公众的纸质阅读、经典阅读、文学阅读提出呼吁，以法律保障高校图书馆对于学生文化自信的培养。在国家层面的价值指引下，多所高校都将经典阅读列为通识教育核心课程来开设。高校图书馆作为公共文化服务体系的重要组成部分，也在不断尝试阅读服务活动的创新和实践。

二、社会层面的历史重任

阅读推广作为图书馆服务的一种基本形式，近年来逐渐得到图书馆学界和业界的普遍关注和认可，由此带来的一些问题需要从理论上进行一定的研究和澄清。本书从逻辑上对一些基本概念进行辨析，提出了图书馆阅读推广的定义，阐述了图书馆阅读推广的两个基本目标、两种基本类型，以及全面性、系统性、职业性和专业性等特点，总结了图书馆阅读推广的研究范式和理论层次等。在当今网络时代和全民阅读的背景下，图书馆阅读推广向多学科、跨领域、全媒体，以及覆盖所有人群的阅读推广发展；以大力发展读者成为图书馆的忠实用户、促进各类馆藏资源的利用作为图书馆阅读推广的主要目的；应将读者的信息素养培育明确纳入图书馆阅读推广的目标体系中。这些观念上的突破亟须得到理论上的论证和支持。

党的二十大报告提出"中国式现代化是物质文明和精神文明相协调的现代化""统筹推动文明培育、文明实践、文明创建""全面建设社会主义现代化国家，必须坚持中国特色社会主义文化发展道路，增强文化自信，围绕举旗帜、聚民心、育新人、兴文化、展形象建设社会主义文化强国"等一系列弘扬文化的重要理论。在教育实践中彰显中华文化的深厚内涵，是开创物质文明与精神文明齐头并进良好发展态势的重要手段。高校图书馆具有得天独厚的馆藏资源优势、师生读者群体和专业图书管理团队禀赋，对于构建全民创造文化、全民培育文化、全民服务文化的新局面具有至关重要的关键作用。

三、高校层面的职能发挥

教育部于 2015 年 12 月 31 日印发了《普通高等学校图书馆规程》，为高校图书馆的顶层设计、组织规划和运行机制指明了方向。《普通高等学校图书馆规程》指出：高等学校图书馆是为人才培养和科学研究服务的学术性机构，是学校信息化建设的重要组成部分，是校园文化和社会文化建设的重要基地。高校图书馆的建设水平也是学校总体水平的重要标志，图书馆应充分发挥在学校人才培养、科学研究、社会服务和文化传承创新中的作用。大学生是推进文化创新的主力军，也是弘扬文化自信的排头兵，只有在书香油墨中提取经典文化元素，才能真正实现代代相传的文化自觉，坚定最深层的文化自信。高校图书馆是文化育人的重要场所，应当重视自身育人职能的发挥，通过经典诗歌朗诵会、国学经典分享会、历史典籍交流会等阅读服务活动的开展，为大学生营造良好的校园阅读环境，唤起大学生藏于心底的阅读经典的兴趣和热情。

第三节 高校图书馆推广经典阅读的对策

影响高校图书馆推广经典阅读的因素有读者、图书馆、学校、家庭和社会五方面，高校图书馆推广经典阅读服务时，可以围绕五因素从以下几点进行研究探索。

一、明确读者信息需求，提升读者阅读认知和行为

（一）构建读者画像，开展个性化阅读服务

开展个性化阅读的基础在于夯实高校图书馆的精准阅读服务，就是要为每一位读者推送其需要的、感兴趣的、特别关注的经典著作和相关内容。通过相关移动端或网络服务平台建设，可以构建经典阅读读者画像，收集每位读者最

关心的话题、最需要的心灵鸡汤，及时推送个性化的经典著作或其中相关的内容，从而提供更优良的阅读模式和更完美的阅读体验，以利于读者各取所需、丰富学识。

在创建倡导个性化阅读的同时，也要同步推崇个性化阅读交流。在建设安静温馨的经典阅读室的同时，也要建设自由的交流讨论区，可包括实体交流讨论区和网络在线留言板；在实体交流讨论区可进一步建设留言区，便于交流读书心得。另外，南京医科大学图书馆也定期开展"真人图书馆"活动，为弘扬医学责任、大爱和奉献精神，借阅"真人图书"沈洪兵院士、季勇教授和鲁翔教授。他们为读者推荐经典阅读书目，解读医学求索和奉献的真谛，鼓励读者树立远大目标和胸怀鸿鹄之志。

（二）增强文化自信，提升人文素养

通过扎根访谈发现，高校学生在校期间面临专业课程多、学习任务重、就业考研压力大等问题，所以将大量的时间精力用于学习专业知识、掌握专业技能对人文及思政课程重视度不够，而此次抗击新冠病毒感染疫情过程中，我国中华传统医学发挥了重要作用，彰显出了文化自信和民族自信，因此我们不能忽视对传统优秀文化的学习和继承，要坚信只有中西文化合璧才能更有效地推动世界科技的发展和进步。通过实际生活案例，帮助高校学生加深理解人文及思政课程的重要性。

对于高等院校的学生而言，多数学生将更多的时间用在专业培养中，对人文经典阅读不够重视，从而忽视了人文素养积累。而阅读经典著作恰恰可以传达给读者真善美，责任、爱心和奉献精神，仁义礼智信，宽容与博爱等诸多人文精神和素养，将沉浸在机械论的读者推出水面，使他们沐浴在人性阳光的和煦、灿烂、豁达和关爱当中。同时，积极推广经典阅读可以进一步提升学生的学习兴趣和夯实学生的专业能力。因此，高校图书馆行之有效地推广经典阅读对培养大学生人文素养和品质至关重要，只有将培养人文素养与夯实专业能力紧密融合，才能培养出新时代德术并举型人才，为祖国科技事业添砖加瓦。

（三）利用图书馆馆藏资源，创新经典阅读推广服务

创建中外经典图书阅读服务推广部门。由于没有设立专门的经典阅读服务部门，高校图书馆举办经典阅读活动往往是临时筹备，活动设计没有进行整体策划和阶段性规划，从而不能实现精密的组织策划与宣传推广，所以活动往往浅尝辄止。活动结束后缺乏全面深入的信息反馈收集，难以全面地对活动效果进行评价和反思，对以后再次推广经典阅读活动不能提供较好的改进意见和基础，而且前后活动往往被时间和空间所割裂，缺少连贯性和延续性，导致推广经典阅读活动很难达到良好的效果。

因此，图书馆应该在征得学校同意及支持的基础上，成立经典阅读服务部门，主要由策划组、组织组、宣传组、导读组、测评组、研究组等构成。策划组在向学校请示并争取到充足的活动经费支持后，与团委、学工处、教务处、宿舍管理站等主要部门联络沟通，在测评组和研究组对于上次活动的总结分析基础结合学生的专业、性别、年龄、阅读需求等因素，制订详细的活动企划。组织组与学校各部门或学生社团按照活动企划，进行分工安排，准备经典阅读服务所需的硬件及软件设施和素材。广纳具有优秀人文背景、才思敏捷和表达能力强的馆员进入宣传组和导读组，而且要成立学生推广社团并培养学生推广员配合宣传组和导读组老师协同工作，师生共建、合力推广、营造浓郁的经典阅读氛围，点燃广大师生的阅读兴趣。测评组要在师生中广泛开展问卷调查，收集他们对经典阅读服务活动的意见和建议，了解他们的心声、汇总他们的需求，然后对活动进行总结，形成翔实的活动反馈意见。研究组就上述整个过程进行调研和分析，对经典阅读服务的重点、难点问题进行深入分析研究，对经典著作进行合理分类和有序推广，策划长效方案并进行论证，撰写研究论文及总结并与兄弟院校及时交流。

二、丰富推广经典阅读活动形式

经典阅读服务活动形式单一，高校图书馆基本常见的以书目推荐、经典著

作展览、数据库讲座、摄影展、手抄报、读者沙龙等为主，载体局限，不仅缺乏新颖性，而且缺少专业特色。对于不同类型、层次，不同精神文化需求的大学生没有针对性的导读服务，未能"切中要害"，缺乏靶向性。

因此，为了丰富推广经典阅读的活动形式，图书馆可以创建经典阅读室并以此为基地，别出心裁地持续开展形式各样的活动。

联合兄弟院校图书馆，共享资源，利用馆藏及电子图书资源，搭建经典阅读服务平台，定期发布经典图书推荐榜以引导广大学生阅读，开展征文比赛、导读服务、专题讲座、经典诵读分享、经典名著影视欣赏等活动。可以精准导读、因材施教，指导组织师生因需而聚，针对共同感兴趣的经典著作或话题，成立不同的书友会，进而开展系列活动。

由图书馆牵头，动员全校师生，打造系列品牌读书节，以学习讨论经典专著或名人故事为中心，整合课程技能操作大赛，聚焦大学生目光、丰富文化内涵、理论联系实际，助推学校人文与美育教育。与教务处合作，积极鼓励支持兼有优秀的专业知识及人文背景的老师开设专业经典阅读公开课、选修课，学习如何鉴赏经典著作，以提高阅读能力。还可以尝试在专业课程中融入人文传统文化，如，南京医科大学人体解剖学系通过深入梳理解剖学具体教学内容，基于人体解剖学的特点，结合《说文解字》，挖掘出解剖学术语中汉字所具备的重要的课程思政意义，使得医学生在学习解剖学知识的同时，能够体会中华汉字文化的艺术和智慧，深刻感受以汉字为代表的中华优秀传统文化的魅力，弘扬传统文化、开展文化育人。

（一）融合在线网络阅读与实体书籍阅读

2020年3月《中国互联网发展状况统计报告》显示：我国网民数量为9.04亿，互联网普及率为64.5%，其中，通过手机上网比例达到99.3%，笔记本上网比例为35.1%，台式机上网比例为42.7%，平板上网比例为29%。2020年以来，互联网应用呈现进一步飞速增长，在线教育规模达到4.23亿元。由此可见，经典阅读服务离不开在线网络，需要进一步拓展在线阅读方式和方法。

(二) 在线阅读服务

在线推广经典阅读可从加强建设网络平台开始，包括微信公众号、网站、手机 APP 等。为了进一步调动读者积极性，可以开展移动端推广服务，便于他们随时随地阅读交流；可以开展网络直播，便于为读者提供更丰富便捷的信息和新兴媒体体验，利用好高校常用的网络直播平台，如腾讯会议、微信直播、超星学习通、钉钉直播、Zoom 云会议、E-learning 教学平台等。虽然互联网飞速发展与普及，在线阅读与学习交流越来越广，但是仍然无法取代实体纸质书本阅读带来的书墨感、厚重感和满足感。

(三) 建设经典阅读室

经典阅读室的建设，要营造浓郁书香、古朴雅致、安静温馨的环境，要从原有馆藏中分门别类地精选，整理出版本权威、品相精良、结合专业特点的经典著作，从而提升阅读品质和体验。通过实体纸质阅读，读者将在其中感受经典著作的形象与情感，体验经典著作的曲折与内涵，领悟经典著作的寓意与释然，进而丰富精神之旅，陶冶性情之美，净化心灵之纯，升华人格之伟。因此，应将实体书籍阅读与在线网络阅读有机融合，使之相辅相成，更好地为经典阅读推广服务。

三、开展多方协作，建立联动共建机制

(一) 加强顶层设计，联动学校共建

由于专业课程多、学习压力大、实习任务重，大部分高校将专业相关课程的学习和建设放在了教务之首，而往往忽视了人文素养的培养和精神文化的建设，大多院校缺乏关于推广经典阅读的顶层设计，缺乏学校由上向下纵向统一的规划和落实，缺乏兄弟院校、兄弟院系间横向合作共建和交流创新，缺乏经

典阅读相关选修课程的建设和完善。高校开展经典阅读活动往往由图书馆独自行动，活动缺乏创新性和延续性，未能关注大学生心声和需求，活动时间短、频次少、往往昙花一现，因此学生参加经典阅读活动的积极性不高、兴趣不大、思想上不重视，很难达到推广经典阅读的效果。

因此，高校对落实文化育人、推广经典阅读应该给予足够重视，可设置专门的督导部门并明确督导职责，将推广经典阅读作为重点工作，在充分调研大学生的精神文化和心理所需的基础上，制定阅读服务制度及规范。以图书馆作为先锋站，以团委、学工处、教务处、宿舍管理站等为辅助，顶层设计、整体规划、全盘运作，使各项活动相辅相成。教师带头、师生合作，使先投入受益的大学生也成为经典阅读的传播者，成为推广经典阅读的有力助手，在精神文明建设中争先创优，使他们孕育在精神文化的摇篮之中，在学习专业知识及技能的休息之余，能深刻感受经典文化的魅力，汲取营养。各个兄弟院校间更应加强联动共建，资源共享，图书馆间加强合作交流，彼此分享推广经典阅读经验。

（二）融入读者家庭，加强家校合作

近年来，我国一些公共图书馆也在探索与家庭合作开办新的阅读空间——"家庭图书馆"，即通过藏书定制、活动定制、借阅服务、资源支持等方式，对一些藏书丰富、基础阅读条件好的家庭进行公开招募，鼓励家庭成为社区邻里重要的阅读服务空间，鼓励更多家庭参与阅读行列，更好地营造了家庭阅读氛围。

图书馆可以利用互联网和新媒体等信息技术，为家庭经典阅读提供在线咨询、交流和指导服务。通过微信、QQ等渠道收集家庭成员反馈意见，帮助家庭制订经典阅读计划，为家庭经典阅读活动提供个性化、准确的阅读指导，根据反馈和阅读计划及时发送阅读推荐书目，将图书馆融入家庭阅读，并提供指导和咨询服务。

（三）积极推广经典阅读，营造和谐社会氛围

高校图书馆推广经典阅读应该扩大服务范围，加大宣传力度。图书馆可以通过在社区、中小学等机构设置特定联络员，建立良好的互动和联系，定期做讲座和宣传；还可以通过微信公众号、APP等线上渠道向社会大众积极推广经典阅读活动。高校图书馆在全民阅读活动中宣传普及经典阅读理念，并及时收集读者的反馈意见，将有助于国家对于经典阅读的相关文件不断优化和完善，营造健康和谐的社会氛围。

当前，中国正处于以持续推进全民阅读、建设书香社会为主要路径来提升国民素质、传承中华文明、涵养文化根脉的时期。近几年，高校图书馆阅读服务工作取得了长足进步，在高校图书馆转型发展并证明图书馆价值的过程中扮演了尤为重要的角色，而这价值的重要体现就是阅读服务的影响力。这种影响力不仅体现在阅读服务可引导高校读者养成阅读习惯、促进终身学习和人的自由发展，同时与高校图书馆基于社会发展需求创新服务内容与形式，增强自身发展内力具有重要关联，更与强化并彰显高校图书馆的服务效能和自身价值，促进图书馆及阅读服务事业的发展息息相关。当前高校图书馆阅读服务的理论和实践研究主要聚焦于理论架构、品牌建设、活动评价、案例推广等视角，关于影响力的研究却十分缺乏。学界尚未关注到高校图书馆阅读服务给读者带来的改变，对高校发挥的作用，以及在全民阅读背景下对社会产生的影响，无法对高校图书馆阅读服务的成效进行真实、全面、完整的评价。

第七章
高校图书馆阅读服务符号化研究

高校图书馆阅读服务符号化研究是新时代的新鲜事物,是中国特色社会主义发展中图书馆学科发展及不同学科间交流不断扩大的结果。党的二十大报告提出:"深化全民阅读活动。"对于构建中国特色的图书馆学理论体系,加快我国图书馆学阅读服务理论的全面发展,实现推动中华文明的传播力和影响力,实现我国各图书馆发展中的平等、团结、共同繁荣,促进社会和谐和政治稳定等诸多方面而言,元宇宙时代高校图书馆阅读服务符号化研究具有广泛的学术理论价值及重大的现实意义。

第一节 核心概念界定及其研究意义价值

一、符号学概念界定

"符号"是符号学的基本概念之一。简而言之,符号就是具有代表意义的标识。人的精神和人的社会,浸泡在一种很少有人感觉到其存在却没有一刻能摆脱的氛围里,这种氛围就是符号。符号是携带意义的感知,意义必须用符号才能表达,符号的用途是表达意义。随着人类的进化和社会的发展,符号越来越多，形成了人类特有的符号系统。德国哲学家卡西尔说，"人是符号的动物"。一般系统论的创始人贝塔朗菲也指出："包围人的是符号的世界"，并且他认为文化实质上是一个符号世界。符号与意义的环环相扣，是符号学最基本的出发点。

早期符号学家关于"人的符号本质"看法，是极其大胆的思想。它把我们的内心活动看成并非完全私人的、不可解的领域，实际上是让符号学向马克思主义的意识形态论、向现象学、向精神分析打开大门。我们的思想，无论是社群性的社会意识和文化生活，或是个人思想、意志、欲望，还是拒绝被表现的潜意识，都是以符号方式运作的。

国内学者黎永泰提出了"企业的文化意义符号系统"的概念，并指出："企业的文化意义符号系统包括文化精神意义符号系统、文化物质意义符号系统、文化行为意义符号系统"。荷兰著名的跨文化研究专家霍夫斯坦德将符号作为组织文化的一个单独层次，说明"符号"在组织文化研究中存在的广泛性。

二、符号的分类

早期图书馆的研究者石宝芳认为，图书馆符号学是关于图书馆信号标志系统的研究理论，主要研究图书馆阅读服务中，除语言文字以外的自然符号体系和人工符号系统。2013年杨衡在符号学理论的基础上，结合前人研究成果和图书馆文化实践，认为图书馆文化结构层次研究应该基于符号学理论的研究视角，形成图书馆文化"符号层"概念，将图书馆文化中的符号分为六大类。

语言符号：语言符号是人与人之间进行交际的工具，而且是人类社会中最重要的传播媒介之一，人们借助语言符号使思想得以表达、感情得以传达、知识得以交流。图书馆语言符号包括图书馆作为组织的集体语言和馆员的个人语言，如图书馆会议通知公告、读者座谈、馆员与读者的语言交流等，语言符号是图书馆文化重要的组成部分之一。

文字符号：主要包括图书馆的各种管理制度、文字公告、宣传海报等。图书馆制度可以看作是图书馆文化精神层的东西通过文字表现出的符号集，包括各种制度规范、价值观、服务理念等文字化表述的文字群，而其他文字公告及宣传海报等则是通过文字符号散发图书馆文化气息。

图形符号：包括图书馆建筑内外的各种标志，如馆徽、馆服、馆内指引标识以及具有特殊意义的各种图形符号，各种图形符号承载图书馆文化内容。

色彩符号：如墙面颜色搭配、书标颜色的选择、馆服颜色设置、室内环境的绿化等。色彩符号是图书馆文化不可或缺的器物层面文化，选择配置符合图书馆格调的颜色，有利于提高读者的舒适感和满意度。

行为符号：这是图书馆文化符号层中最重要的部分。行为符号又包括图书馆的集体行为和馆员个人行为、读者管理、组织结构设置、服务方式等。行为符号受精神层的影响，是精神层的体现。

物质符号：凡是被赋予了社会属性和人为意义的客观物质都可以被看作物质符号。组织文化中的物质符号是一般物质通过与反映组织精神层内容的其他类型的符号相结合而形成的实体性符号，是一种综合性符号。所以，从这个角度看，通常所说的组织物质文化实质上是反映组织文化中的其他符号作用于一般物质的结果，而不是物质本身。图书馆文化中物质符号包括建筑物、办公用具、阅览室配置、馆藏图书等各种实体物品，这些实物置身于图书馆内，与图书馆文化中精神层面的内容相结合就构成了图书馆文化中特有的物质符号文化。

三、符号学图书馆的研究意义

从"符号学"角度分析图书馆文化结构，为图书馆文化的研究提供了一个新的视角，对进一步加深图书馆文化认识和建设图书馆文化具有重要的现实意义。

就其现实依据而言，从我国图书馆文化的发展来看，图书馆阅读服务符号化研究是推进我国文化自信自强、提高全社会的文明程度、增强中华文明的传播力和影响力的实际需要。而从世界普遍追求的道德文明的视角来看，图书馆阅读服务符号化研究更是促进科技文明发展的必然要求，是实现实践育人、服务育人、文化育人最现实的教育方法。

从其理论价值来看，为推进我国高校馆阅读服务符号化研究的有序开展和规范前行，需要构建元宇宙时代的高校图书馆阅读服务理论体系，符号化研究力图构建元宇宙时代高校图书馆阅读服务符号化进程的理论体系，从而为推进我国高校图书馆阅读服务研究的拓展和深化奠定学理基础、厘清研究框架。

从其实际应用价值来看，为促进高度重视全民阅读的中国特色的高校图书馆阅读服务符号化研究，需要探索基于元宇宙时代高校图书馆阅读服务的实践经验。符号化研究将对当代世界主要国家在元宇宙时代的高校图书馆阅读服务实践，进行梳理、概括和总结，力图提炼和归纳其中带有规律性、普适性的总结，从而为促进我国高校图书馆阅读服务工作提供有益的参考和借鉴。

第二节 国内外研究现状述评

符号学家索绪尔认为，一个符号包括了两个不可分割的组成部分，能指（即语言的一套表述语音或一套印刷，书写记号）和所指（即作为符号含义的概念或观念）。符号有两个方面的内涵：一方面它是意义的载体，是精神外化的呈现；另一方面它具有能被感知的客观形式。符号学里的能够作为某一事物标志的，都可称为符号。在一种认知体系中，符号是指代一定意义的意象，可以是图形图像、文字组合，也不妨是声音信号、建筑造型，甚至可以是一种思想文化、一个时事人物。

元宇宙时代高校图书馆阅读服务符号化研究是新时代的新鲜事物，是中国特色社会主义发展中图书馆学科及不同学科间交流不断扩大的结果。作为新一代信息技术集成的代表，元宇宙技术的应用正席卷娱乐、教育、传媒乃至军事等各个领域。

一、国内研究现状

符号学家始终将社会文化研究作为符号研究主场。就国内研究者的定义来看,"符号学"这个中文词,是赵元任在1926年一篇题为"符号学大纲"的长文中提出来的,此文刊登于上海《科学》杂志上。在这篇文章中他指出"符号这东西是很老的了,但拿一切的符号当一种题目来研究它的种种性质跟用法的原则,这事情还没有人做过。"他的意思是不仅在中国没人做过,在世界上也没有人做过,赵元任应当是符号学的独立提出者。赵毅衡在1993年把符号学定义为:"关于意义活动的学说"并给出了符号的定义,即"符号是被认为携带意义的感知:意义必须用符号才能表达,符号的用途是表达意义。反过来说,没有意义可以不用符号表达,也没有不表达意义的符号。"2016年,赵毅衡教授的《符号学原理与推演》一书,扩展了一百年来符号学发展的理论基础,融合中西方符号学理论,建立了一个可用于分析人类意义活动的符号学体系;具体讨论了符号在人类文化中扮演的复杂作用。该著作是应用符号学理论分析文化的典范。

图书馆界关于符号学的研究。黄运红、朱婧雅、于静等认为,我国传统文化应着力于阅读服务符号化研究,形成文化符号体系,形成"激发—推动型"双主体的互动模式。

划时代最具符号标识影响力的全民阅读理论研究。2009年至今,我国图书馆学研究专家王余光在2009—2023年的《新华月报》和《图书馆理论与研究》等专业期刊中共发表46篇关于图书馆阅读推广的理论与实践研究的学术论文;徐雁在2011—2023年的《新世纪图书馆》期刊上先后发表了共90篇关于图书馆阅读推广的理论与实践研究论文;吴晞在2011年《图书馆》期刊上和在2016年《出版发行研究》上共发表19篇关于图书馆阅读推广的理论与实践研究的学术论文;范并思从2008年开始,至2022年在《中国图书馆学报》等期刊上发表了共37篇关于图书馆阅读推广的理论与实践研究的学术研究论文。学界专家学者的研究使得图书馆阅读推广研究成为我国图书馆学理论领域中最活跃、最具影响力的研究领域之一。

互联网技术在高校图书馆阅读推广符号化标识的理论与实践探索。国家图书馆馆长、中国图书馆学会理事长饶权2020年在《中国图书馆学报》第1期，发表《回顾与前瞻：图书馆转型发展面临的问题和思考》中指出，在信息技术加速迭代下，图书馆业态的创新发展迫在眉睫，应利用智能化技术对图书馆的资源、空间、服务乃至业务管理活动进行全方位的重塑。陈进等《高校图书馆阅读推广案例精编》、刘时容《且为繁华寄书香——高校图书馆阅读推广理论与实务》、孔瑞林《高校图书馆阅读推广研究》、李琳《高校图书馆阅读推广与宣传促进研究》、陈幼华《高校图书馆阅读推广理论与方法（第三辑）》、朱原谅《高校经典阅读推广理论与实践》、刘洋《高校图书馆阅读推广研究》、李明《高校馆阅读推广研究》、王韫梅《高校院系资料室阅读推广活动运行机制研究》等专著，从不同研究视域构建了高校图书馆阅读推广符号标识。

符号标识代表学者在图书馆元宇宙服务体系探讨中初见端倪。国内较早关注元宇宙图书馆研究的是有图书馆符号标识的学者重庆大学图书馆杨新涯和上海图书馆刘炜等专家。2021年，杨新涯等撰写的《元宇宙是图书馆的未来吗?》一文，刊载于《图书馆论坛》2021年第12期上。此后，杨教授的两篇学术论文《图书馆与图情学科携手元宇宙新赛道》和《元宇宙视域下的图书馆虚拟服务》分别发表在《数字图书馆论坛》2022年第7期和《图书馆论坛》2022年第7期上。刘炜提出图书馆应及早参与新技术的研究，在未来元宇宙时代占有一席之地，以提供与时俱进的、无所不在的知识服务。马费成、范并思等学者认为元宇宙图书馆研究是由图书馆的使命与价值所决定的，在2022年第6期《中国图书馆学报》的文章中，强调了图书馆人应以明显的符号标识在元宇宙时代履行应有的文化推广使命担当。

二、目前国外符号学研究现状和趋势

现代符号学的创始人是索绪尔与皮尔斯。西方符号学研究呈现四种发展模式。语言学模式，以索绪尔为代表；逻辑-修辞学模式，以皮尔斯为代表；文化符号论模式，以卡西尔为代表，此模式作为普遍的"文化语法"，卡西尔学派对于文化的重视，今日看来依然是值得珍视的学术财富；第四种模式是用符号学研究社会和文化，尤其是他们的"符号场"理论，从大处着眼研究文化，摆脱了形式论常有的琐碎，此模式的开拓者是苏俄符号学家巴赫金。

在符号学自身发展的历程中，经历的三个阶段虽有其局限性，但其所具有的开拓之功需要高校图书馆符号学研究者了解。从20世纪初至今，符号学的发展前后经历了四个模式和三个阶段。

符号学的第一种模式是以索绪尔为代表的语言学模式。索绪尔式语言学学者认为，语言虽然只是人类使用的符号之一，却是不成比例的超大符号体系，语言学研究应当为符号学提供模式，因此符号表意的根本原则是任意性。20世纪前期，"索绪尔式语言学"迅速成熟，因此，当结构主义符号学在60年代潮涌成一个声势浩大的运动时，语言学为之提供了一个系统清晰、根基牢固的理论框架。

30年代的布拉格学派、60年代的巴黎学派提出的符号学体系，大都构筑在索绪尔原理之上，他们的符号学实际上是"语言学式的"符号学。例如巴尔特研究时装，集中于时装的语言描述；格雷马斯对符号方阵的理解，实际上是概念语项的对峙。但是语言学模式，使符号学难免落入结构主义的共时格局。

符号学的第二种模式是以皮尔斯为代表的逻辑-修辞学模式。逻辑-修辞学模式考量所有的符号类型，而不以语言学为模式，由此他提出符号表意的多种理据性。这个出发点促使符号学向非语言式甚至非人类符号扩展；更重要的是，皮尔斯模式提出了符号意指的一系列三分式，符号的解释成为进一步表意的起点，向无限衍义开放。

20世纪大部分时期，皮尔斯模式是受到冷落的。到70年代，符号学界"重新发现"皮尔斯。西比奥克、艾科等人，把符号学推进到后结构主义阶段。皮尔斯理论成为当代符号学的基础理论，成为当代符号学最重要的模式。甚至有学者认为符号学发展到当今，索绪尔对符号学理论的贡献只能说"相当微小"，"符号学之父"已然被符号学近年的发展边缘化。

这个研究结论显示，对于有志于符号学的研究者，应当说是一个适时的提醒。在20世纪末，两个学派已经在符号学更广泛的视野中携手并进了。但是符号学的研习者，应当保持对索绪尔理论的警觉。皮尔斯理论的缺点是他本人研究兴趣过于广泛，对符号学讨论始终零散而又热衷于分类整合，真知灼见散落在各种笔记信件之中，分类整合将零散真知灼见有所遮掩。

符号学的第三种模式是以德国新康德主义者卡西尔为代表的文化符号论，文化符号论的基点是从哲学出发，建立了一种新奇的象征性哲学理论，作为普遍的"文化语法"。卡西尔的象征思想在其弟子朗格的文艺美学中得到充分发展，他们论点精彩，却难以进一步在其他文化领域中推演，与这一模式相近的还有美国文论家伯克的符号行动理论。伯克接近新批评，50年代初推动新批评拓宽视野。这个学派对于方法论和可操作性缺少关注，在此后的符号学发展中因后继无人而几乎成为一种历史遗迹，但他们对文化运行规律的重视，今日依然是值得珍视的学术财富。

符号学的第四种模式，开拓者是苏俄符号学家巴赫，他开创了从形式研究文化的传统，很多人称之为"语言中心马克思主义"，但他的成就长期默默无闻；60～70年代洛特曼、伊凡诺夫等人为首创立莫斯科-塔尔图学派，才得以发扬光大。这一学派坚持用符号学研究社会和文化，提出许多精辟之论，尤其是他们的符号场理论，从大处着眼研究文化，摆脱了形式论常有的琐碎。这一学派的理论模式主要借鉴自信息论与控制论，尤其是普利高津的耗散理论，技术色彩较浓。如何处置技术模式与人文思索之间的张力，至今仍是一个有待探讨的问题。

以上四种模式都为现代符号学理论发展做出了贡献，也各有符号学进一步发展必须摆脱的弱点。符号学从先前模式中一次次脱茧而出，它的成熟是各国符号学界共同努力的结果。当今符号学继承较多的是皮尔斯模式，而不是索绪尔模式。

从20世纪初至今，符号学的四种模式都有过展开机会，符号学的发展前后经历了三个阶段。

第一阶段出现于 20 世纪上半期，是模式的奠定和解释阶段。除了上述四个模式的奠基者，还出现一批最早的推进者：莫里斯把皮尔斯理论发展成系统；朗格在美学和文艺学中推进卡西尔理论，伯克与卡西尔理论遥相呼应；巴赫金理论由于政治原因被搁置。早期推进最突前的是索绪尔理论，由于得到布拉格学派（穆卡洛夫斯基、特鲁别茨柯伊等）、符号语言学派（叶尔慕斯列夫、马丁奈、班维尼斯特等）的热情推动，索绪尔符号学在 60 年代前率先成熟为一个完整的体系。

第二阶段出现于 20 世纪 60 年代，符号学作为一个理论正式起飞。索绪尔符号学直接发展成 60 年代结构主义大潮：雅柯布森、列维-斯特劳斯、巴尔特、格雷马斯、布勒蒙、托多洛夫、索勒尔斯等人，把结构主义发展成为 60 年代最显赫的学派。符号学开始卷入其他思潮：马克思主义（戈德曼、阿尔都塞），心理分析（拉康、克里斯蒂娃），现象学/解释学（梅洛-庞蒂、利科）等。这些人大都不承认自己属于一个名叫"结构主义"的运动，但是他们不讳言对符号学的热情。稍晚时候塔尔图-莫斯科学派开始在苏联形成，而艾柯、西比奥克等人开始发展皮尔斯这一支的符号学。第二阶段的特点是符号学成为人文-社科规模宏大的总方法论。这个阶段符号学的几种模式未能汇合，索绪尔模式一家独大。

第三阶段出现于 70 年代中期，到今天仍然在展开。这个阶段的特点是皮尔斯的开放模式取代了索绪尔模式，由此结构主义自我突破成为后结构主义。符号学进入多模式阶段，巴赫金与塔尔图模式也开始扩大影响，卡西尔与伯克的贡献也被后人重新发现，一些被忘却的奠基者，如维尔比夫人的贡献，也被大规模整理出来。

从 20 世纪 80 年代以来，高校图书馆就致力于融教化功能于"阅读活动"之中，热衷于研究图书以保证图书馆尽可能收藏"好书"并吸引读者阅读。美国图书馆学家杜威提出的"以最小的成本将最好的图书提供给最多的读者"是极具符号学特点的代表性观点。

三、研究简评

综上所述，国内外阅读服务研究注重实践服务理论研究，元宇宙图书馆符号学研究主要集中在图书馆技术、图书馆场景、智慧图书馆化的理论性符号标识的研究之中，元宇宙时代高校图书馆阅读推广符号化研究鲜有理论建树。如何处置科学模式与人文思索之间的张力，至今是符号学研究中一个有待探讨的问题。

第三节　符号学研究理论基础

高校图书馆阅读服务构建符号标识是当今迫在眉睫的研究方向，如何在元宇宙时代以符号标识高校图书馆阅读服务，实现新技术与图书馆服务实践无缝融合，构建图书馆阅读服务符号化研究理论，全力推动中华文明的传播力和影响力，是阅读服务的目标。

阅读服务符号化理论特征包括阅读服务的属性定位、目标人群、服务形式和价值基础，高校图书馆核心价值的阅读服务的最终目标是通过阅读提升全民文化素养，用显性的阅读服务符号潜移默化地影响全民，使不爱阅读的人爱上阅读，使不会阅读的人学会阅读，使阅读有困难的人跨越阅读的障碍。

元宇宙作为全新研究领域的互联网新形态，为高校图书馆阅读服务符号化研究开启了新的研究疆域。高校图书馆阅读服务在元宇宙时代的符号化研究，有其深刻而严谨的理论逻辑，也有其直接而充分的现实研究依据。

一、研究创新点

第一，元宇宙时代高校图书馆阅读服务符号化的内涵。目前国内尚未就元宇宙时代高校图书馆符号化的内涵达成共识。第二，专业化的阅读服务体系和全民阅读服务符号化体系的构建。第三，元宇宙时代高校图书馆阅读服务符号化体系的自我完善（图书馆符号标识、阅读服务符号标识、馆员文化气质符号化等研究）。运用图书馆阅读服务符号化研究理论来观察、分析和总结当今世界各国高校图书馆阅读服务符号化发展实践，得出可供参考和借鉴的成功经验及一般性结论，就成为符号化研究的重点和创新点。

二、研究目标

符号化研究拟在充分借鉴和吸收国内外相关研究成果的基础上，紧紧围绕"元宇宙时代高校图书馆阅读服务符号化研究"，展开一般性研究。符号化研究的主要研究目标包括两个方面：第一，构建元宇宙时代高校图书馆阅读服务符号化理论体系，为推动高校图书馆阅读服务研究的深入开展、规范实践奠定学理基础，厘清研究框架；第二，通过对于高校图书馆以元宇宙为背景开展的阅读服务符号化实践，进行梳理、概括和总结，提炼和归纳出其中的带有规律性的、普适性的经验和结论，从而为促进我国高校图书馆在元宇宙时代的阅读服务符号化研究提供有益的参考和借鉴。

三、研究内容

第一，有关元宇宙时代高校图书馆符号化研究本身的思考，即回答元宇宙时代高校图书馆符号化研究何以可能的问题。

第二，有关元宇宙时代高校图书馆阅读服务符号化研究的内涵，即回答究竟什么是元宇宙时代高校图书馆阅读服务的问题。

第三，元宇宙时代高校图书馆阅读服务的理论溯源，构建元宇宙时代高校图书馆阅读服务的理论体系是建立在国内外相关理论研究成果的基础之上的。

第四，元宇宙时代高校图书馆阅读服务的起点（图书馆符号标识、阅读服务符号标识、馆员文化气质符号化、服务行为符号化等研究）。元宇宙时代高校图书馆阅读服务符号化的起点是全民阅读理论体系的构建。

第五，元宇宙时代高校图书馆阅读服务符号化研究的过程。

第六，元宇宙时代高校图书馆阅读服务符号化研究的目标。

第七，元宇宙生态系统高校图书馆阅读服务符号化在当今世界的实践与经验总结。

四、研究方法

符号化研究以对元宇宙时代高校图书馆符号化研究本身的思考为切入点，通过对符号化的研究得以成立理论逻辑。根据现实依据及其研究对象的分析阐述，导入"元宇宙时代高校图书馆符号化研究"这一问题。

之后，从高校图书馆阅读服务的内涵外延界定和理论溯源入手，沿着全民阅读国策的服务为起点、过程和目标的演进逻辑，步步深入实践，逐步构建起元宇宙时代高校图书馆阅读服务符号化研究的理论体系。

最后，用阅读服务符号化研究的理论体系作为时间分析工具和研究范式，来观察和梳理我国阅读服务的演进过程，从中探寻元宇宙时代高校图书馆阅读服务的一般规律和成功经验，以期为我国元宇宙时代高校图书馆的阅读服务研究提供可能的参考和借鉴。

符号化研究将综合运用文献研究法、问卷调查法、实践活动推广法、实证分析法、定性定量分析法、跨学科分析法，从高校图书馆阅读服务的学科视野出发，依托 AI 技术、人工智能、伦理学、人类学、社会学、外交学等相关学科理论，进行综合性研究。

第四节　高校图书馆符号形象研究

高校图书馆符号形象研究包括图书馆文化建设、图书馆的物理空间建设、图书馆馆员符号形象、纸质馆藏与数字信息资源、管理者的管理水平等，是一个集合阅读服务的服务型概念符号。

一、高校图书馆文化建设

高校图书馆文化是指"在社会文化、民族文化的大文化背景下，图书馆员在长期的相互作用和相互影响过程中培育形成的，约束和规范组织内个体行为、群体行为和组织行为的亚群体文化。"图书馆文化从结构上来讲，分为图书馆物质文化、图书馆制度文化和图书馆精神文化。它们紧密相连、层层递进，物质层是基础，制度层是保障，精神层是核心。这些图书馆文化的重要组成部分，在网络环境下更应该发挥其功能，促进馆员各方面素养的提高，倡导并引导师生热爱学习，并能够提供良好的学习环境。这种氛围的形成，为图书馆形象又添加了一抹重彩。

图书馆思想文化与图书馆职业价值观紧密相连，上至馆长下至馆员的群策群力，馆务理念和执行力影响着图书馆核心价值观的发展与塑造进度。采取行之有效的方法，如体现图书馆精神的先进分子"现身说法"，讲述自己故事的"真人图书馆"活动；进行全过程衔接、全方位配合的立体教育模式，如在大学的每个角落，包括教室、食堂、公寓等进行标语大签名，组织开展价值观讨论会等。

图书馆的文化服务包含文化展示和文化活动两方面的内容。进行文化展示时，选择人文地理、历史回顾、社会热点、科学普及等多内容的主题展览。采用线上线下相融合，依托信息化管理平台，开展思想政治教育业务信息管理，提供学生在线学习培训，关怀帮扶贫困学生、心理问题欠缺学生，图书馆设立"大学生思政教育专架"，定期向大学生推送。开展文化活动时，举办多形式的主题报告、演讲辩论、纪念活动等，扩大学生知识面，提高学生的综合素质。积极联系法学院、马列主义学院师生进行嵌入式深度的学科服务、情报服务和智慧服务，定期推送图书馆最新动态资讯，有助于科研与教学。

二、图书馆的物理空间建设

近年来，各大高校都在扩充自己的校舍，图书馆也有了自己的新馆舍，而几乎每个新馆舍都运用了当代设计理念,高大、宏伟、温文尔雅、古色古香……都体现着图书馆所代表的该高校的特性。如河南大学图书馆新馆从远处看就像一本打开的图书,正前方全是玻璃装饰,非常现代又不缺乏文化气息;南京财经大学仙林校区图书馆主题建筑采用层层向上推进的造型,形似层叠打开的书本,蕴含"书籍是人类进步阶梯"的寓意。

除图书馆本身建筑外,作为充分表现图书馆形象的景观,还应包含相应的装饰,"有条件的图书馆可以通过建筑造型、艺术品来体现图书的建筑装饰"。佛山市图书馆正门外墙上刻着一把熠熠生辉的金钥匙浮雕等,给予了图书馆"人类知识宝库"的形象。

图书馆内部装饰也是其形象的重要组成部分。图书馆是汲取知识的地方,因此在内部装饰上就不能那么华丽,应该讲究"静""雅",既不同于营利性单位的装饰,又不失文化韵味,还要注重细节,如摆放花草,在楼梯、走廊的墙面上张贴警示标语等,使其能够促进读者学习。另外可以根据本校特点,张贴本校的名人大家以及本馆馆藏特色资料,例如河南大学明伦校区图书馆就在大厅里张贴了河南大学从1912年建校到现在的很多名人画像及简介,很多读者阅览后,对河南大学的历史都有了一个深刻的了解;而河南大学金明校区图书馆在大厅里张贴了馆藏的珍贵古籍文献图片,以及在有重大活动时,都会把一些珍贵的馆藏如碑帖、名人字画等张挂在大厅,增强了员工和读者对图书馆的热爱之情。

三、图书馆馆员符号形象

高校图书馆的馆员是图书馆的一面镜子,馆员的形象直接影响着图书馆的形象,同时馆员的信息素养也作为一个研究对象而屡见于书刊。尤其是一线的馆员,每天都要面对读者,难免会和读者发生一些摩擦,这个时候要能体现一个馆员的信息素养,合理解决矛盾。馆员的形象除了外在的如衣着、话语等,最重要的就是其知识的丰富程度,不仅包括图书馆学知识,还包括其他学科知识,如外语、计算机等知识,这些对于一名名副其实的馆员来说都是基本的要求。

培育高校馆员的人文精神渗透作用，崇高的图书馆人文精神和先进的图书馆思想文化渗透着人本管理理念，树立馆员高校教师形象，更好地推动图书馆事业和谐健康发展。高校图书馆作为学生学习和进行文化交流的主要场所，相对于课堂教学的思想文化教育更多的是一种隐性教育。图书馆员灵活运用语言技巧，处理各种人际关系，关注大学生人生发展价值取向，做好师生阅读服务的"牵头人"，提升思想高校文化阵地建设的服务效率，引导奋发图强积极向上的人文精神，塑造一种轻松幸福阅读、至馆如到家的感觉。

四、纸质馆藏与电子信息资源

图书馆是信息资源的集结地，不仅包括馆藏的图书、期刊等纸质文献，还包括电子资源。网络环境下，图书馆信息资源给读者提供了巨大的方便，使人们足不出户就可以得到自己想要的信息，节约了读者大量的时间和精力。麻省理工学院威廉·米切尔教授认为："随着虚拟的或计算机控制的软图书馆的出现，没有剩下什么东西可以将一个宏伟的外墙门面装上去。"这一观点尽管表明在网络技术的应用中，真正的图书馆视觉存在的价值已经非常有限，但是它充分向人们传达了图书馆在虚拟的空间中同样可以传递给人们广博的知识。所以信息资源的建设就成为当今各大高校资源建设的重点，也体现了图书馆的软实力。

图书馆是学生流连时间最长的地方，被称为"第三空间"，图书馆学风浓厚、幽雅的氛围对他们会产生持久和潜移默化的影响，营造温馨舒适、平等开放又有人情味的学习环境，创造一个探索未知、超越自我、实现全面发展的重要育人平台。如加州斯坦福大学图书馆的"人工智能计划"，图书馆馆藏运用机器感知、机器学习和语言识别，有助于师生学者的访问、分析和发现。

开展爱国主义的经典阅读教育，提升大学生道德素养，完善阅读服务机制。图书馆思想文化与时俱进，不断注入新内容新元素，变革出新。2018—2022年教育部高等学校图书情报工作指导委员会（图工委）暨第一次工作会议纪要中,把本科教育、人才培养放在最重要位置,在新时代各种文化政策的指导下,基于为本科生适当增负的原则,重点围绕经典阅读、教参阅读,将阅读服务扩展到信息文化建设的范畴。

五、管理者的管理水平

高校图书馆是高校的重要组成部分,馆领导的管理水平对于图书馆形象传播起着相当重要的作用。一个具备各种领导才能(专业知识、管理知识、心理知识等)的图书馆领导,就要不断地充实自己,还要领导图书馆事业向前进一步发展。"高校图书馆要跟上时代的步伐,关键是靠人,如果领导素质不高,即使馆员素质条件很好,也会慢慢变成平庸之辈,而如果有一个高素质的领导,可以把本来素质平平的队伍逐渐培育成追赶时代的群体。"一支积极健康、信息素养极高的图书馆队伍在馆领导的带领下,无疑为图书馆形象传播注入了新的活力元素。

高校图书馆立足文化育人、实践育人、服务育人,面向社会,以建设智能、和谐社会为导向,构建以人为本的图书馆文化阵地。开放、协调、融合,增强师生读者在图书馆思想文化阵地的"黏性"。在五四运动纪念日、"一二·九"运动纪念日、孔子诞辰日开展座谈会展览会,引导学生主动学习新知识新思想等主流文化,提供便捷的活动渠道和场所,为教学科研服务做师生好帮手。

第八章
高校图书馆
阅读服务社区网格化管理转型

基于社区全民服务的图书馆以及阅读服务一直是图书馆服务的重要实践和研究领域。早在20世纪30年代,美国芝加哥大学图书馆研究院就围绕社区对图书馆的利用情况展开了一系列的研究。在传统的社区资源中,适合阅读的空间、优质书刊及有效信息、信息技能培训都比较匮乏,而高校图书馆可以弥补这一缺憾。提高思想认识、凸显服务的针对性、打造各类型特色阅读空间、创新借阅模式、创新体制机制、融汇社会资源等,是实现高校图书馆与社区服务无缝衔接的有效路径。

第一节 高校图书馆与社区阅读服务策略研究

社区是组成社会文明的基本单元,是承载政府基本公共服务的主体,社区的治理水平和文明程度决定着社区民众的幸福程度,关系到整个社会的文明和进步。在传统的社区资源中,适合阅读的空间、优质书刊及有效信息、信息技能的培训等都比较匮乏,而高校图书馆本身在这几个方面具有先天优势。高校图书馆社区服务是提高社区民众精神文明程度的有效办法之一。通过不断地阅读、学习和培训、教育,潜移默化地培养社区民众性情,形成文明风尚,不断积累，从而趋近于党的二十大报告提出的"提高全社会文明程度"。

一、高校图书馆开展社区服务的作用和意义

把高校图书馆的功能延伸到社区，节省了社区群众外出寻求图书和信息资源的人力、物力和时间成本的支出，减少了信息获取成本，方便社区群众的生活，提高获得感和幸福感。

高校图书馆提供带有高校特色的专业书刊、信息、精神文化产品、设备技术、舒适的阅读空间、针对性的培训和信息咨询服务等，能够优化社区居民的信息环境，调动阅读积极性，激发深入学习的兴趣，提高办事效率，有助于建设学习型社区，引领积极向上的生活态度，形成良好的精神文化氛围。

对于高校图书馆自身的发展来说，开展社区服务为高校图书馆的自我发展提供了发展机遇。高校图书馆通过社区服务，能够显著提高影响力和知名度，有利于图书馆资源、技术和人员的价值发挥，有利于优秀文化和理念的传播、新兴技术的普及，有利于拓宽图书馆的文化服务资源。

因此，高校图书馆社区服务的建设是一个多赢的举措。高校图书馆社区服务的拓展是图书馆功能的必然延伸，也是高校图书馆在新形势下发展的必然，是一项最大程度地实现高校图书馆社会价值的工程。其终极目标是"提高全社会文明程度"。

二、高校图书馆的社区服务开展现状与不足

教育部 2023 年 8 月发布《学习型社会建设重点任务》的通知，明确加强新时代学习型城市建设、推进县域社区学习中心建设、推进学历继续教育教学改革创新、推进非学历教育改革创新、探索三教统筹协同创新路径，是我国推进学习型社会建设的五大重点任务。2025 年，我国将基本实现县（市、区）社区学习中心全覆盖。

学习型城市建设要以全球学习型城市网络成员城市为示范，以省会城市为引领，以地级市为重点，以城带乡、城乡一体，逐步扩大覆盖面；县域社区学

习中心建设旨在建立健全城乡一体的县（市、区）社区教育学院、乡镇社区学校等，推动教育资源开放共享，开展社区教育品牌建设活动；学历继续教育教学改革创新要走深走实，非学历教育改革创新要落实"自招自办自管"原则，实施精准规范管理，创新育人模式；三教统筹协同创新旨在探索统筹职业教育、高等教育、继续教育协同创新的具体路径，构建职普融通、产教融合、优势互补的育人体系。

任务清单细化了2023—2025年的建设目标。其中，2023年将全面推进县域社区学习中心建设，2024年以直辖市、省会及计划单列市为引领，稳步扩大新时代学习型城市建设覆盖面，2025年基本实现县（市、区）社区学习中心全覆盖。各地将依托开放大学、职业院校、社区教育机构等，构建资源融通与共建共享的终身学习公共服务平台，促进优质资源整合与共享开放；推进各类教育融通发展，探索建立学分银行制度，开展市民学习成果认证、积累和转换研究试点；增强社区教育和老年教育资源供给，加强对在职职工、再就业人员、农民工和新型职业农民等各类群体的职业培训和学习服务。

教育部表示，下一步要把教育数字化作为推进学习型社会建设的"倍增器"，推动各种教育类型、资源、要素多元结合，调动社会上一切可利用的学习资源，打通家庭教育、学校教育、社会教育各环节，构建人人皆学、处处能学、时时可学的终身学习服务体系。

从20世纪90年代开始，我国高校图书馆社区服务工作已经在探索中逐步展开，虽然发展相对缓慢，但也取得了一定的成绩，有了一定的社会效益。各高校图书馆利用各自的区域优势开展了一系列的服务。有的面向社区建立了资源共享的机制，利用网络虚拟空间提供数字文化的服务；有的面向社区打造了交流互动、协作学习和信息知识共享的学习空间；有的为社区居民进行了不同主题的信息技术培训；有的推广阅读，打造书香社区，为全民阅读贡献力量；有的协助社区党建、参与未成年人教育和社区文化治理，开展便民服务。在这个过程中，高校图书馆提高了参与社区公共文化服务的能力，拓展了社会服务的范围，也获得了一定的经验和成长，实现高校图书馆与社区公共文化的共同发展。但也有一些不足需要引起重视。

（一）认识不到位，积极性不高

一些高校图书馆在开展社区服务的过程中受到传统办学思想的影响，没有充分认识到社区服务的重要性，参与的积极性不高。这些在经济发展相对落后的地区更为明显。高校图书馆开展社区服务受到来自经费和人员编制的制约，如果这方面本身就不足，很难奢望其开展富有成效的社区服务。更多的一些有余力的高校图书馆只是因为管理者站位不高，忽视高校图书馆的社会价值，认为高校图书馆社区服务可有可无，没有推动其发展的积极性。

（二）缺乏正确的自我定位，服务特色不明显

当前高校图书馆只一味地展示自身的优势，照搬校内读者服务的方式，服务效果不理想。没有深入到合作社区民众中了解他们的信息需求，不能提供有针对性的服务。具体表现在多个方面，在信息资源的提供上：品类单一，不够多元；纸质书刊多，数字资源少，视听资源更少；知识类书刊多，即时性的实用信息较少；书刊学术性较强，通识类不够多；教育类、文学类书刊多，营养健康科普类、大众休闲娱乐类、纪实类、漫画类、生活类、儿童读物等书刊不够丰富。在服务模式上：传统的到馆借阅独占鳌头，创新的借阅模式甚少；代买书刊、快递书刊多，数字文献传递实施不多。但只要有创新的借阅模式，不管是24小时自动借还，还是流动书车上门服务、图书投递至社区的借阅服务等，都会成为服务亮点，引来一片叫好。在服务种类上：常态的借阅服务普遍开展，但信息咨询服务普遍没有深入展开；常规问题解答比较及时，个性化的专题性问题，回应不多，更不能跟踪嵌入式服务；学习空间供给不足，阅览室有余而自习室不足；专题培训较少，跟随式辅导和便民措施展开不多等。高校图书馆社区服务的开展有一定基础，必然受到多种条件和因素的制约，因此有必要对高校图书馆社区服务开展的策略进行研究，提高高校图书馆社区服务的能力。

三、高校图书馆的社区服务策略和建议

（一）凸显服务的针对性

高校图书馆开展社区服务，要有针对性地分析社区居民信息需求的重点、难点、痛点，找准定位，开展针对性服务。如果社区多数人群从事某一种产业，例如商品批发、农产品交易、果品产业、教育培训等，高校图书馆可以总结某类人群面临的主要问题，归类索引，探讨解决路径，也可以针对优势产业进行人员信息培训、平台搭建服务、信息对接等，还可转化推广高校优势学科的知识产权等，也可融合线上线下，促进资源、信息的整合、分布、共享、匹配、对接等服务，使得居民使用"内容＋社交"的自媒体平台更加得心应手。总之，服务一定要有针对性，才会有效果。

（二）打造各类型特色阅读空间

传统的"课桌式"阅读空间已经越来越难以满足读者的需求。住房跨越式发展培养起了居民对特色阅读空间的强烈需求。当前，社区居住环境中普遍缺乏社区阅读空间，但居民对此却有比较强烈的需求，这二者之间存在着尖锐的矛盾。因此在高校图书馆社区服务时，第一要务就是打造社区特色阅读空间，为居民阅读提供有效的直接支持。新一轮深化文化领域供给侧结构性改革，国家投入了大量资金，号召相关主体积极兴建城市阅读空间、社区书房、孺子书房、农家书屋、24小时自习室等，这为高校图书馆打造各类型阅读空间提供了巨大的机遇和强有力的政策、资金、平台的协同支持。高校图书馆要创新发展，可以根据不同社区的区位、属性、居民现实需求等，打造不同特色、多元一体的文化空间，创设自己的品牌。既可以是"图书馆＋书店"，也可以是"图书馆＋教育培训＋托管""自习室＋信息环境支持""社区书房＋便民服务"等，既可以借书、购书、看书，也可以更具创新性，具备信息查询、数字阅读、教育活动（作业辅导、手工、绘画、声乐、表演、朗诵等活动）、文化沙

龙、文创展览（采购）、便民服务等功能，起着信息服务、教育培训、文化引领、美育熏陶等作用。这些家门口的阅读空间，便捷、舒适、融合多种服务业态。居民徜徉其间，与阅读结缘，同智者对话。涌动的信息、知识、文化、精神，如同涓涓细流，滋润心田。

（三）创新借阅模式

传统借阅模式就是单一地到馆借阅。在追求便捷性为第一要务的当代人的眼中，已经显得太不方便了。现在各地图书馆已经秉持"以人为本"的理念，结合本地政策，创新借阅模式，逐渐发展成为更加便捷、丰富的借阅形式。有24小时自助借还服务、流动书车上门服务、图书投递至社区的借阅服务等，做法成熟有效。高校图书馆也可借鉴这些成功做法，在快递方便的社区开展图书投递至社区的借阅服务。也可通过微信公众号，采用每次可以借阅更多的家庭读者证，绑定电子读者证，不用带卡，只要手机在手，就可以馆、社通借通还，线上线下联动，也可网上免费预约借阅，云打印、预订座位、预订讲座服务、预约空间等。也可以提供听书音频资源，扫码听书等。

（四）挖掘数字阅读资源的潜力

从某种意义上说，当下所有的传统媒体都在坍缩于流媒体当中，其功能效应也正在坍缩于数码媒介。在数字阅读已成为主流的当下，人们点开手机就可将图书馆的数字馆藏资源汇聚于指尖，进行数字阅读。而这种数字阅读具有较强的包容性和开放性，实施推广难度不大。高校图书馆要顺势而为，充分挖掘自己的数据资源优势，占领社区居民的数字阅读阵地。高校图书馆自建和购买了众多的数字阅读资源，有的多达两三百种，中外文都有，品类繁多，内容专业、权威、时新，又系统全面，只要给予合理规划安排，就能在不增加很大成本的前提下，绽放出巨大的效能。高校图书馆可以选择性地投放居民感兴趣对口数字资源，像超星电子图书、掌阅精选数字阅读平台、新东方多媒体学习库、中国大学mooc（慕课）、"知识视界"视频教育资源、大英百科学术版、中国知网、万方数据库等，这些数据库都有广泛的普适性，具有良好的开放基础。有条件的高校图书馆也可以面向社区居民开放自己的信息化服务平台，让社区居民可以通过手机、计算机、平板电脑等接收高校图书馆的数字阅读资源，足不出户便可以获取专业信息。

（五）提供信息咨询服务

信息咨询服务是图书馆的基础服务之一。其开展具有较强的专业性，但其服务效果在很大程度上取决于读者对图书馆的满意程度。高校图书馆本身就设置有信息咨询部门，长期开展相关服务，具有成熟体系、模式和多样的咨询方法，完全可以依赖于这些专业馆员的技能优势，面向社区居民开展有针对性的信息咨询服务。专业馆员通过分析相关海量数据内在关联、揭示行业内在规律，结合具体项目，进行价值最大化，为服务对象传达有价值的信息，支撑科学决策、教育咨询、项目设计等，有的放矢解决问题。配合嵌入式服务，更能实现个性化、系统化、快捷、高效的服务。

（六）注重基础性和便民性

高校图书馆社区服务要注重基础性和便民性，比如打印、扫描、复印、文件美化设计等，面向社区读者开放此类服务，可以通过适当收取费用的形式向居民有偿开展。开展阅读指导、读书交流、演讲诵读、图书互换共享等活动，推广全民阅读，也可以开展健康培训、信息技能培训等。各地的高校要结合实际情况，抓住居民信息需求方面的难点，找到开展服务的正确形式和方便的渠道。

四、高校图书馆开展社区服务注意事项

（一）分清主次，理顺机制

高校图书馆社区服务要注重平衡校内读者和社区居民的资源、人员、资金

等的供给。必须在保障校内服务教学、服务师生读者的前提下，开展社区服务，否则就会本末倒置。

（二）吸纳和对接社会资源

高校图书馆要积极协调社区、平台商、数据商、爱心企业、公益团队、协会、志愿者等第三方社会力量，寻求经费、人力、平台、技术和场地等的合作和支持，吸纳和对接这些社会资源。当下商家获取用户的成本越来越高，而社区的居民作为流量，是线上线下商家都争取的。高校图书馆在资金有限的情况下，要有"羊毛出在狗身上猪买单"的理念，借助于重组流程，最大限度地整合一切可以利用的条件，把学校、图书馆、社区以及其他社会资源等有机结合在一起，因势利导地开展社区服务，实现持续的多赢。

综上所述，高校图书馆在社区服务工作中，要善于发现社区居民的需求难点和痛点，针对性地输送优质资源、信息、知识、文化和新技术入社区，灵活地因地制宜地开展丰富多彩的服务，充分发挥高校图书馆的文化机构主体责任，增强民众文化获得感和幸福感。同时，文以载道，文以植德，文以化人，增强民众精神力量，提高社会文明程度。

第二节 高校图书馆阅读服务社区网格化转型研究

一、概念和基本原则

（一）概念

高校图书馆阅读服务社区网格化管理，是指将高校图书馆的资源和服务与社区网格化管理相结合，通过划分社区网格、建立网格化服务体系等方式，实现阅读服务的精准化、高效化和个性化；构建网格化的阅读服务体系，实现图书馆资源与社区居民需求的精准对接,提高阅读服务的覆盖面和效率。高校图书馆在提供阅读服务时,采用网格化的管理模式,将图书馆的资源和服务进行划分和整合,以更好地满足社会公众的需求。

在具体实施中,可以在高校图书馆内部实施网格化管理方案,将全院所有区域范畴内的书籍进行共享,根据图书馆自身结构,合理划分单元格,每个单元格配备一名网格文化员,负责该区域的阅读服务工作。同时,在院、系、班设置三级管理网格,将全院所有宿舍按照一定标准划分为若干个"信息服务网格",每一个网格配备网格文化员,这样可以使高校图书馆信息更加均衡地分布,让每一名高校学生都可以享受信息服务。

(二)基本原则

高校图书馆阅读服务应遵循学校总的管理原则,开展网格化服务。按照校院领导力量、管理力量、思政力量、服务力量"人在一线""心在一线""谋在一线""干在一线"的原则,在社区内构成"横向到边、纵向到底"的管理网格,构建"纵横交错、分片包干、全面覆盖、分级管理、层层履责、网格到底"的管理体系,建立一岗多职、一专多能的监管网络,以及权职明确、任务清晰、流程规范、运转灵活的工作机制。

二、开展社区网格化阅读服务目标与任务

(一)目标与任务

以习近平新时代中国特色社会主义思想为指导,通过开展学生社区治理党建引领行动、基础强化行动、提级介入行动、特情响应行动、标兵创建行动"五大行动",加快学习型、开放型、创新型、服务型、效能型"五型"组织创建,达到观念现代化、工作体系化、运行法治化、管理扁平化、能力实战化"五化"治理要求,实现党的建设高地、思政工作重地、人才培养园地、自我服务基地、安全维稳阵地"五地"共建格局,推动学生德智体美劳"五育"全

面发展。

（二）社会背景

阅读服务社区网格化的背景主要是源于近年来政府对公共文化服务体系建设的重视、城市管理新模式的需求、公共文化服务体系建设以及互联网技术、大数据技术的快速发展的推动。

1. 近年来政府对公共文化服务体系建设的重视

政府鼓励高校图书馆融入地方公共文化服务体系，加强与地方的合作与交流，更好地服务地方经济社会发展。在此背景下，一些高校图书馆开始探索阅读服务社区网格化的转型，以更好地满足社区居民的阅读需求和提高他们的文化素养。

2. 城市管理新模式的需求

城市管理新模式的需求是推动阅读服务社区网格化的重要因素。现代城市管理面临的问题日益复杂，传统的管理模式已经难以适应这些挑战。因此，城市管理需要寻求新的模式，而网格化管理成为一种有效的解决方案。网格化管理以街道、社区、网格为区域范围，以事件为管理内容，以处置单位为责任人，通过网格化管理信息平台，实现市区联动、资源共享，有效提高了城市管理的效率和应对问题的能力。随着城市化进程的加速和城市管理体制的改革，城市社区建设和管理逐渐成为人们关注的焦点。在这个背景下，高校图书馆也开始探索将阅读服务与社区网格化管理相结合的方式，以更好地了解社区居民的阅读需求和习惯，提供更加精准、高效和个性化的阅读服务。

3. 公共文化服务体系建设

公共文化服务体系建设的推动也是阅读服务社区网格化的重要背景。公共文化服务体系建设是政府的重要职责之一，旨在保障人民群众的基本文化权益，满足人民群众的基本文化需求。高校图书馆作为公共文化服务体系的一部分，需要积极融入地方公共文化服务体系，为社区居民提供更好的阅读服务。

阅读服务社区网格化是一种有效的途径，可以将高校图书馆的资源和服务与社区居民的需求更加精准地对接，提高阅读服务的覆盖面和效率。

4. 互联网技术、大数据技术的快速发展

互联网技术、大数据技术的快速发展也为阅读服务社区网格化提供了技术支持。随着互联网技术、大数据技术的蓬勃发展，读者对于碎片化、定制化阅读活动的期待需要满足，传统纸质阅读带来的沉浸式体验依然备受追捧。互联网技术的普及使得信息传递更加快捷、便利，人们可以随时随地获取信息。大数据技术的应用可以帮助高校图书馆更好地了解社区居民的阅读需求和习惯，为提供更加精准、个性化的阅读服务提供依据。因此，一些高校图书馆开始探索数纸互促的图书管理服务模式，以满足读者的多元化需求。

三、高校图书馆的阅读服务与社区网格化管理案例

（一）高校图书馆开展"书香浸润社区，阅读点亮人生"阅读服务

以重庆文理学院为例，高校图书馆开展了社区阅读服务有效的实践探索。2023年11月22日—12月7日，学校图书馆根据社区网格化管理模式，与学校学生工作部、校团委联合举办的"书香浸润社区，阅读点亮人生"图书馆服务宣传月，主动走进社区开展宣传活动，在清风揽月社区、清澈蓝天社区、沐歌星湖社区、书香观云社区举行。图书馆、学生工作部、校团委相关负责人及1000余名师生自觉参与阅读服务。阅读服务主要内容为文献资源、服务推介和数据库资源推介三个模块。

在文献资源方面，可重点推介中外经典书籍，图书馆应主动做好阅读指导和宣传。经典书籍内容涵盖了方方面面，其中既有《习近平的七年知青岁月》《材料人生：涂铭旌传》这样的励志成才著作，也应有《平凡的世界》《活着》这样内容丰富和内涵深刻的著作，还应有《元宇宙教育》这种当代前沿研究著作。

在服务推介方面，图书馆工作人员应向来往的师生解答图书馆使用（按中

图分类法检索图书等）、数字信息服务、图书借阅、座位预约等方面的咨询，积极推荐并介绍相关好书。

在数据库资源推介方面，图书馆还邀请到维普、万方、超星等数据库商到场参加资源宣传推介活动。这些数据库资源涵盖学术期刊论文、学位论文、会议论文、图书、多媒体等多种类型资源。数据库商还应准备宣传海报、宣传小册子和丰厚的小礼品，以更好地吸引社区读者。

活动现场，人头攒动，气氛活跃，不少读者对图书馆服务及数据库使用表现出极大的兴趣，也有读者针对数据库使用过程中的问题与图书馆工作人员和数据库商进行现场交流。

社区网格化阅读服务将育人力量和育人资源下沉社区，拓宽学生视野，促进学生人文素养提升，积极推进学生社区文化建设，得到现场体验学生的一致好评。

图书馆也通过此次活动进一步了解师生文献资源与服务需求，在今后工作中，图书馆将继续开展各类资源宣传、阅读推广与读者培训活动，积极发挥"三全育人"作用，为师生科研学习提供更加充分的文献资源支持，为学校应用型工业大学建设贡献力量。

（二）院系资料室开展"丹青流韵，致美同行"社区阅读服务

2023年8月2日—12月6日，重庆文理学院外国语学院资料室开展"丹青流韵，致美同行"阅读推广活动。并将阅读活动收集的作品以社区定点做好阅读服务，特等奖、一等奖作品与社区读者分享。

1. 活动主题清晰，立意深远

史册典籍，天然风韵，予君子风骨；水墨精华，光昌流丽，呈君子气魄。君子同路，品书中乾坤，再以笔尖论道，以翰墨传魂。在充分地阅读过后，师生们将书本中的知识与书法相融合，将自我的理解与笔下的文字相结合，经过几番酝酿，最终书写出来的作品，是点线的巧妙组合，是生命的悲喜交融。笔墨如丹青，流淌着别有一番的韵味，与阅读同行的师生发现着大学生活的

美好。

2023年秋季，资料室依然坚持将"全民阅读"理念付之于行动，美美与共，将阅读推广至更多读者朋友。聚焦于书法活动，以一笔一画的点曳之功，展示阅读收获。丹青流韵，即指史书典籍风韵，也指水墨精华流丽，唯有读懂书中乾坤，才能书写出铿锵风骨。本次活动中，希望读者朋友们认真阅读、沉心酝酿、再用心书写，共赏丹青流韵。最是书香能致远，唯有读书方宁静。生命不息，阅读不止，阅读伴随你我一生。

2. 活动行动路径

（1）作品征集。

活动范围为小范围（以院系为社区服务范围），主要为重庆文理学院外国语学院师生读者。

活动时间在一个学期内完成。具体可从假期开始。重庆文理学院外国语学院是从2023年8月1日—8月25日阅读计划执行和报名，8月25日—9月20日参赛作品酝酿和报名，9月20日—10月15日报名和交稿，10月15日下午17：00之前截止收稿。

活动地点以专业图书馆为主，阅读服务主要执行单位设定在外国语学院专业图书资料室。

（2）阅读要求。

调动辅导员老师、两委会干部及各班班委为此次活动做好推广宣传工作，所有读者参赛作品所选书籍必须是外国语学院资料室的现有图书，2023级星湖校区读者可借阅星湖图书馆馆藏参赛；参赛作品统一交到学院资料室，帮助读者加深专业阅读地点的印象，更好地做了馆室宣传。

（3）阅读要求。

依据活动流程，读者需阅读、酝酿、书写，再交稿；多语种硬笔书法限定为中英俄日，四者任选，选取数量不限；硬笔书法参赛作品内容要求健康向上，美观大方，题材不限；参赛作品可使用签字笔、钢笔、美工笔、圆珠笔等黑色硬笔进行书写；参赛作品采用学院统计发放的A4彩色书写纸书写，参赛作品的纸面须整洁，无褶皱、不卷曲；不得代笔。

（4）参赛稿纸设计。

根据专业社区阅读服务需求，设计符合图书馆阅读服务的稿纸。设计题头、格子、阅读感悟、落款。题头为活动时间、主题、参赛者姓名和序号，格子主体部分为阅读图书内容，最后一行为阅读感悟，落款为书名、作者、中图分类号等。

3. 活动成效与评估

作为院系资料室，开展的书法展示活动，共计收到 606 件书法作品，参与读者阅读热情高涨，资料室馆藏借阅量达到 1614 册，读者的专业阅读水平显著提升，借阅馆藏趋于专业馆藏借阅。

四、"阅读社交"成为高校图书馆阅读服务新趋势

根据教育部、市教委和学校相关文件精神，结合学校实际，实质性推动了"一站式"学生社区治理工作，取得了很好效果。在实施过程中，还应强化党建引领、提升精细化治理水平，注重结果运用，以更好提升学生综合素质，让学生受益。

（一）以学生社区党建引领社区治理

社区是党和政府联系、服务居民群众的"最后一公里"。那么"一站式"学生社区就是学校院系联系学生、服务学生的"最后一百米"。党组织作为引领社区共建共治共享的组织载体，要想保证社区党建不落空，就必须将党建与学生的关切紧密联系起来，通过联系学生、发动学生、服务学生，有效提升学生自我服务、自我管理能力，有效推进社区的共建共治共享。

具体而言，一是以党建为统领，打破院系建制，以社区为单元，在爱国教育、党团培训、学科竞赛、创业就业指导、安全法治教育、讲座沙龙等全领域推进第二素质课堂建设，避免工作"两张皮"现象；二是强化思想认识，打破传统模式（思维模式、管理模式等），让学生走下网络、走出寝室，真正接纳

社区治理理念等一系列工作，避免出现唱"独角戏"现象；三是延伸教育管理服务学生的职能，真正帮助学生解决在学习困惑、生活困难、能力短板等方面的问题，让学生遇事有地方"讨说法"，碰问题有平台"能解决"，实现"小事不出网格、大事不出社区"。

（二）统筹资源提升社区精细化治理水平

在信息化、多元化社会发展的今天，大学生有着兴趣爱好广泛、个性鲜明、自我意识强烈等特点，资料室应顺势而为，乘势而上。学生无小事，枝叶总关情。要以需求导向、问题导向，以学生急难愁盼为切入点，切勿"一拥而上"，提升个性化指导、精准化服务能力。

具体而言，一是增强校内教辅单位和专任教师的社区治理认识，融入学生学习、活动比赛等，真正实现全员育人；二是以对接联系学生为载体，提升与学生对接的"金字塔式"网格化管理，学工队伍主导，其他人员与学生对接指导，有问题及时与辅导员反馈，学院领导及时研判处理，真正了解掌握学生家庭情况、学习状况、生活现状等，共同促进学生成长成才，形成全过程育人新格局；三是统筹校内外资源，实现财务、教务、学务、后勤服务系统的数字一体化，强力建设好"社区云"，让工作人员从繁重的统计报表、材料报送中解脱出来，避免数据遗漏，重复录入等，落实好全领域育人新格局。

（三）注重结果运用凸显社区治理目标

"一站式"学生社区治理的出发点和落脚点在学生。一是看学生参与度。通过活动参与、比赛举办、诉求表达、权益保障等通道，让学生共同建设人人有责、人人尽责、人人享有的和谐社区；二是看学生满意度。学生对社区治理工作接不接受，认不认可，高不高兴，应作为资料室工作得失的根本标准，这样才能更好体现学生对社区的归属感、认同感；三是看工作有效度。社区治理工作应建立"评价—反馈—改进"的闭环机制，形成基于产出的内外评价机制和持续改进机制，从而推动人才培养质量的不断提升。

作为学校一员，社区一份子，资料室既是社区治理的参与者、教育者，又是治理成效的获得者、共享者，更是宣传者、守护者。让大家携手并进，一起努力让"一站式"学生社区早日为党的建设高地、思政工作重地、人才培养园地、自我服务基地、安全维稳阵地，实现学生德智体美劳"五育"全面发展。

（四）高校图书馆应以服务为主，而不是以技术为主

早在1998年，陈慧杰等在《关于大学图书馆新信息技术应用及自动化系统发展的设想与建议（续）》文章中讨论图书馆管理系统时就指出，大学图书馆应以购买系统为上策，对那些具有相当技术力量的馆，则应考虑在购买的基础上进行辅助性开发，以确保新系统技术新颖、功能完善，还能满足本馆的一些特殊需要，简言之就是"购买为主，开发为辅"。虽然这篇讨论是为了说明购买比自己开发要好，但其中几段阐述很有预见性，放在现在也很有指导意义。

根据美国图书馆自动化发展的经验，凡是早期由本馆自行开发的系统，其最终结局，或是转卖给商业性的开发机构，或是根本放弃，几无例外。图书馆自动化系统的开发及不断完善是一项相当巨大的长期工程，自编自用不经济、不合理，只有一家编、百家用才能产生合理的经济效益。

这不就是呼唤"商业化、多租户"模式吗？

计算机技术发展日新月异。继续开发自己的系统会不断遇到硬件设备和操作系统的更新以及原有程序与新系统的兼容等问题的挑战。

这就是呼唤"云服务、微应用"模式。随着计算机和图书信息技术的飞速发展，现代图书馆自动化部门的功能也有了明显扩充。传统的系统支持与维护已不再是自动化部门的全部功能，甚至将不再是它的最核心功能。

引进现成的图书馆自动化系统，可以把自动化专业人才从繁杂的开发业务中解放出来投入到诸如系统改进、信息资源开发和信息高速公路的建设等任务中去。

这几段论述明确指出，图书馆不应自行开发管理系统，而应采购成熟的商业软件，同时将专业人员从系统开发中解放出来，投入其他工作。这关系到图书馆如何看待技术问题。过度强调技术容易遮蔽图书馆存在的意义，影响人们对图书馆的认知。程焕文在2015年谈及图书馆如何对待新技术时指出："在欢迎技术创新，拥抱新技术的同时，图书馆界必须保持清醒的头脑和长远的眼光，不被眼花缭乱的新技术方法迷惑了心智，从而失去自我。"在实际工作中，图书馆至今对如何处理信息技术与图书馆的关系也没有明确的方向和成熟的做法。

尽管国内绝大多数图书馆是通过采购商业软件开始信息化的，然而在之后的几十年中，图书馆为此付出了很高的代价。为维持图书馆管理系统的运行，图书馆要支付昂贵的服务器和存储等硬件费用、软件部署和运维费用以及高昂的人力成本。很显然，这种模式是难以为继的，取而代之的是以云服务、多租户、微应用为特征的新一代服务平台发展模式。这种发展模式将图书馆的技术工作进行分层次处理，其实质是图书馆相关工作的社会化、专业化。

图书馆不需要管理系统，图书馆需要的只是服务。哪一天人们不再谈论图书馆管理系统的话题了，也许就真正进入智慧图书馆时代了。

五、高校图书馆的阅读服务与社区网格化管理的意义

通过将高校图书馆的阅读服务与社区网格化管理相结合，可以更好地了解社区居民的阅读需求和习惯，提供更加精准、高效和个性化的阅读服务，同时也可以促进高校与社区之间的交流和互动，实现资源共享和优势互补。高校图书馆阅读服务社区网格化管理的意义主要体现在以下四点。

1. 提高阅读服务的覆盖面和效率

通过网格化的管理方式，可以将图书馆的资源和服务精准地对接到社区居民的需求上，从而扩大阅读服务的覆盖面，提高阅读服务的效率。

2. 促进公共文化服务体系建设

高校图书馆作为公共文化服务体系的一部分，通过融入地方公共文化服务

体系，实施阅读服务社区网格化管理，可以促进公共文化服务体系的建设和发展。

3. 推动城市管理新模式的发展

城市管理新模式的需求是推动阅读服务社区网格化的重要因素之一。通过实施阅读服务社区网格化管理，可以推动城市管理新模式的发展和完善。

4. 促进互联网技术、大数据技术的应用和发展

互联网技术、大数据技术的快速发展为阅读服务社区网格化提供了技术支持。通过实施阅读服务社区网格化管理，可以促进互联网技术、大数据技术的应用和发展。

高校图书馆阅读服务社会网格化管理转型是高校图书馆未来发展的趋势之一。通过这种转型，高校图书馆可以更好地满足社会公众的需求，提高服务质量和社会影响力。

第三节 高校图书馆阅读服务社区网格化管理转型的途径

高校图书馆阅读服务社区网格化管理转型需要以服务社区为导向，通过划分社区网格、建立网格化服务体系、加强与社区的合作与交流、拓展阅读推广内容以及加强宣传和推广等方式，推动社区文化发展和全民阅读氛围的形成。

转型可以从以下几个途径来得以实现。

一、资源整合

高校图书馆可以将自身的资源进行整合，包括图书、期刊、数据库等，按照学科、主题等方式进行划分，以方便读者进行查阅。同时，还可以将其他社会资源进行整合，如地方文献、特色资源等，以丰富图书馆的馆藏资源。

划分社区网格：高校图书馆可以与社区合作，将社区划分为若干个网格，每个网格由不同的高校图书馆员负责管理和服务。通过划分社区网格，可以更好地了解每个网格内居民的阅读需求和习惯，提供更加精准的阅读服务。

二、服务创新

高校图书馆可以借助网格化的管理模式，对服务进行创新。例如，可以开展学科服务、科技查新、定题服务等，以满足社会公众的不同需求。同时，还可以通过图书馆网站、微信公众号等渠道，向社会公众提供数字阅读、远程教育等服务。

建立网格化服务体系：高校图书馆可以建立网格化服务体系，为每个网格提供不同的阅读服务。例如，可以在每个网格内设立图书馆分馆、开展流动图书馆服务等，为居民提供便捷、高效的阅读服务。同时，可以针对不同年龄段、不同职业背景的居民，开展个性化的阅读推广活动，满足他们的阅读需求。

三、用户管理

高校图书馆可以通过网格化的管理模式，对用户进行分类管理。例如，可以根据读者的职业、兴趣、需求等因素进行划分，为不同类型的读者提供个性化的服务。同时，还可以通过读者反馈、满意度调查等方式，及时了解读者的需求和反馈，以不断改进服务质量。

加强与社区的合作与交流：高校图书馆可以与社区合作，共同开展阅读推广活动。例如，可以邀请社区居民参与图书馆的决策和管理，增强社区居民的归属感和参与意识。同时，也可以邀请社区内的专家学者到图书馆举办讲座或分享会，提高社区居民的文化素养和阅读水平。

四、合作共享

高校图书馆可以与其他机构、企业等进行合作，实现资源的共享和优化配置。例如，可以与公共图书馆、科研机构等进行合作，共同开展阅读推广、学术交流等活动；与企业合作，共同开展科技创新、技术转化等活动。

拓展阅读推广内容：高校图书馆不仅可以将经典文学作品推广到社区，还可以将科研成果、学术资源等拓展到社区，为社区居民提供更加全面的阅读服务。同时，也可以通过开展读书竞赛、讲座等方式，提高社区居民的阅读素养和审美能力。

五、数据分析

高校图书馆可以利用大数据技术，对读者的阅读行为、兴趣爱好等进行数据分析，以更好地了解读者的需求和偏好。例如，可以通过分析读者的借阅记录、搜索历史等信息，为读者推荐相关的图书、期刊等资源。

加强宣传和推广：高校图书馆应通过各种渠道和方式加强宣传和推广，让更多的社区居民了解和参与阅读推广活动。例如，可以通过微信公众号、社交媒体等渠道发布活动信息、分享阅读资源等，吸引社区居民的关注和参与。同时，也可以通过开展宣传活动、张贴海报等方式，提高社区居民对图书馆的认知度和使用率。

高校图书馆阅读服务社区网格化管理转型需要不断探索和实践，不断完善和创新服务方式和方法，以满足社区居民不断变化的阅读需求和提高他们的文化素养、审美能力。

第四节　划分社区阅读网格并建立网格化阅读服务体系

划分社区网格并建立网格化服务体系是实现高校图书馆阅读服务社区网格

化管理转型的重要步骤。以下是具体的实施步骤。

一、划分社区网格

（1）根据社区实际情况，按照"完整性、便利性、均衡性、差异性"的原则，将社区划分为若干个网格。每个网格区域的范围、大小由各社区结合实际确定，并绘制网格地图。

（2）依据地理布局、任务相当、方便管理、界定清晰的要求，以"小区＋零散路巷"为网格单元，结合人口状况、地理位置、楼院布局等因素将城市社区科学划分为若干网格。这样可以方便对社区进行更加精细化的管理，更好地了解每个网格内居民的阅读需求和习惯。

二、建立网格化服务体系

（1）建立网格组织体系：按照"党政领导、部门参与、条块结合、以块为主、资源共享、综合治理"的原则，建立网格化管理服务机制。由县委组织部、县委政法委、县城市社区管理委员会牵头，各社区居委会配合，做好网格化服务管理工作的统一部署、统一管理、统一督促、统一考核等工作。推动将党支部（党小组）建在网格上，原则上1个二级网格设立1个党支部（党小组）。这样可以更好地整合资源，提高服务效率和质量。

（2）明确网格责任人：按照网格化管理责任制的要求，明确每个网格的责任人。由网格员和社区民警牵头，联络各小区物业负责人，通过由物业提供服务、社区辅助的方式为居民提供各项服务。这样可以更好地了解居民的需求，提供更加精准的服务。

（3）建立网格化管理系统：高校图书馆可以建立网格化管理系统，实现阅读服务的智能化和信息化。通过该系统，可以实时了解每个网格内的阅读需求和服务情况，及时调整服务策略和方法，提高服务效率和质量。这样可以更好地掌握每个网格的情况，为居民提供更加个性化的服务。

（4）加强培训和管理：高校图书馆应加强对图书馆员的管理和培训，提高他们的专业素养和服务能力。通过培训和管理，可以确保每个网格内的阅读服务质量和效果，满足社区居民的阅读需求和提高他们的文化素养。这样可以提高服务水平，更好地满足居民的需求。

总之，划分社区网格并建立网格化服务体系，是实现高校图书馆阅读服务社区网格化管理转型的重要步骤。通过划分网格、建立网格组织体系、明确网格责任人、建立网格化管理系统以及加强培训和管理等方式，可以推动高校图书馆阅读服务的精准化、高效化和个性化发展，更好地满足社区居民的阅读需求和提高他们的文化素养。

第九章

高校图书馆
院系资料室阅读服务实践探索

阅读服务是高校图书馆发挥信息、学术和文化职能的基础,为高校图书馆提供了全新思路。重庆文理学院图书馆等以读者需求为导向,本章从实践中探索高校图书馆阅读服务的转型之路,以期提升和扩展"双一流"建设背景下高校图书馆阅读服务工作的质量和内涵,充分发挥图书馆文化、信息和学术中心的职能。

第一节 应用型本科高校院系资料室阅读服务

一、背景情况

重庆文理学院外国语学院资料室总占地面积 $187m^2$,现有馆藏专业图书 25500 余册。资料室秉承"重德修身,博学中西"的院训,为全院师生提供外语专业图书的资料查阅、图书借阅、阅读推广等服务工作。已开展阅读推广活动 136 个,活动主题 22 个,9000 余人次参与其中。借阅量始终保持在同类院系资料室第一名。

外国语学院资料室立足基层师生读者道德建设实践,主要从文化育人、实践育人、服务育人、科研育人等多层面引导读者积极向善，在阅读服务中，馆员潜移默化地实现了"善思""善学""善阅""善断""善行"等的幸福伦理实践服务。在实践养成方面，注重阅读实践服务中"书"与"为人""为学"等"工匠精神"务实避虚的培育理念；制定了适合学院专业发展的人性化管理制度，杜绝"画饼"阅读服务现象出现。在工作机制、阵地建设等方面做出了自己独特的工作贡献，取得良好的成效。

二、主要做法

学院资料室坚持分春季（2月1日—6月初）、秋季（8月1日—12月底）开展丰富多彩的阅读推广活动，充分发挥了文化育人、实践育人、服务育人、科研育人的道德先锋模范作用（见表9-1）。

表 9-1　2009—2022 年每学期阅读推广活动主题与参与人次数据统计表（含评委）

序号	年份	学期	主题名称	参与人次	序号	年份	学期	主题名称	参与人次
1	2022	秋季	少年挥毫，阅颂风华	736	17	2015	秋季	啜英嚼华，书尽世微	241
2					18		春季	书香致远，墨卷至恒	301
3		春季	科望宇宙，幻阅世界	551	19	2014	秋季	万书丛中觅珍品	220
4	2021	秋季	凭澜墨放，揽胜阅欢	696	20		春季	方寸世界蕴书情	278
5		春季	芯火存文，阅善存臻	834	21	2013	秋季	读一本好书，享精彩人生	218
6		秋季	索骏探月，摩词寄意	319	22		春季		276
7	2020	春季	墨唤韶晖，阅绽芳华	1046	23	2012	秋季	书之精华，吾之所悟	300
8			涅槃之痛，阅读生花		24		春季		144
9	2019	秋季	朗卷绎思，铭丹秉责	403	25	2011	秋季	无主题（按照学校图书馆要求开展）	113
10		春季	简吟趣颂，聿抒懿德	354	26		春季		171
11	2018	秋季	博卷漫抒，润墨成锦	307	27	2010	秋季		98
12		春季	浅酿隽语，悦怿悠然	319	28		春季		44
13	2017	秋季	笃勤卷漫，墨铸丰赡	242	29	2009	秋季		33
14		春季	墨香流韵，覃思满笺	299					
15	2016	秋季	阅舞华章，阅动苍穹	230			合计		9160
16		春季	芸香萦绕，卷意茗纪	303					

（一）学校学院重视、阅读环境和空间建设

学院资料室阅读环境独具道德建设特色，"学好外国语，做好中国人"的文化墙生动有益，阅读区的学院荣誉墙提升读者自信心，丰富的馆藏和文化名言，引领读者学好专业知识，向善的阅读推广活动能有效提升读者借阅量。馆员始终坚持幸福阅读推广服务理念开展服务，在空间建设上独具特色，突出学院的专业文化特色，展示了学院的精神文明建设风采。

资料室馆藏建设体现专业特色，每年学院师生推荐好书，学院积极更新馆藏信息，从专业馆藏建设到传统文化馆藏建设。在阅读选择中，始终坚持"扬弃"的办法，馆员通过时时学习，请示学校、学院领导，征询师生读者的建议等方法，为学院增加有益的馆藏。

1. 馆员服务

馆员坚守幸福伦理的"全民阅读"服务理念。学院资料室馆员为中南大学伦理学专业硕士毕业，有着汉语言文学和思政教育的学习经历，无论从事什么职业，始终将阅读服务放在首位。从到重庆文理学院工作开始，始终坚持"学好外国语，做好中国人"的专业服务理念，以坚持乐观向善的服务伦理思想为初心，矢志不渝地开展本职工作，用最优质的服务态度为全院师生服务。

2. 馆藏建设

从2009年的最初10689册的馆藏，截至2022年12月12日，学院资料室馆藏为25720册，增长了15031册。所有新增馆藏均由馆员订购、编目、上架，还根据图书馆系统的更新，进行了数据更正，十余年来，共修正馆藏数据2000余条。

3. 馆藏借阅

用最真诚、饱满、阳光的态度为学院全体师生读者服务。为每位读者提供自己专业范围内的阅读服务指导工作，在服务中探索读者的专业阅读方向，与学院师生读者有着很好的互动服务。

学院资料室的最高数据借阅量始终保持在同类院系资料室第一名。

从 2017 年开始，连续五年，资料室纸质书本借阅量一直处于学校图书馆所有馆藏室前三名，2018 年为第二名。

（二）专业阅读服务

馆员在工作中发现，开展丰富的、有选择的专业阅读服务，能大幅度提升读者对纸质图书的阅读兴趣，能帮助读者找准阅读借阅方向。从 2009 年起担任专业馆员以来，在春、秋季坚持开展阅读推广活动。开展了以各种阅读推广活动为主线，以每月读者之星、好书推荐、毕业生好书馈赠、旧英文报纸换阅、借阅面对面阅读推广等为暗线的专业阅读推广服务探索。

每年 2 月 1 日开始，到 12 月底为节点，1 月和 7 月为期末考试和休整阶段，利用 QQ 工作群和 QQ 读者群，以每周一次的频率开展阅读推广宣传工作。以资料室的纸质图书为阅读背景，读者可以通过手写稿、电子版、图片上传、专业教师讲评、建议与感想等多种形式参与阅读推广活动，馆员通过举行颁奖活动、发放证书等形式鼓励读者参与活动。

运用最简单、可行的阅读服务手法，持续循环无缝地开展阅读推广活动。十余年来，已陆续开展了中外经典作品读后感活动、优秀读书笔记展示活动、中英文硬笔书法展示活动、真人图书分享活动、商务英语实训活动、经典永流传诗歌原创活动、中外红色经典读后感及分享活动、脑洞大开科幻经典续写活动、原创美文共赏活动、每月"读者之星"评比活动、年度资料室读者幸福指数调查问卷活动等，积极发现身边阅读情境，与专业教师主动联系，与三笔字、专业阅读学习相结合，开展阅读分析和实践活动，甚至利用身边女洗手间用纸环境进行阅读推广，主动积极营造了良好的专业阅读氛围。

（三）创新开展商务专业阅读推广活动

2018 年，图书馆与北京南北公司一起开展教育部产学合作协同育人项目，进行商务人才培育活动，丰富了商务专业阅读面。2019 年 9 月，馆员与北京南北公司工程师一起，组织开展线上商务实训竞赛活动。从软件安装到技术指导，馆员与参赛读者始终与工程师一起，开展参与线上技能实训、商务前景讲座、实训教材围读会，直至2020年寒假结束。2020年春节期间，开展的"涅槃之痛、阅读生花"阅读活动与线上实训活动相得益彰，参赛者受益匪浅。

2019年，馆员与北京数通公司一起开展教育部产学合作协同育人项目，进行英语专业人才竞赛培育活动，2020年秋季开展了一系列阅读推广活动，取得很好的成绩。2021年的书法展示竞赛活动读者参与面再创新高。

（四）馆员自我科研的提升

馆员从到文理学院工作开始，积极提升自我科研水平，开展阅读服务工作。指导学生科研立项2个，都按时结题，李莲、李月云发表论文2篇。馆员自己已出版专著一本《高校院系资料室阅读推广活动运行机制研究》，发表与阅读相关的论文10余篇，主持科研课题5项并按时完成，1项省级课题在研。

资料室馆员于2012年、2015年、2021年、2022年事业单位工作人员年度考核中评为"优秀"，2021年民主评议党员中评为"优秀"，2022年被学校评为"优秀教育工作者"。

三、读者的主动阅读参与

（一）专业阅读启发：大一阶段

新生入校，专业教师带队来到学院资料室了解资料室的文化氛围，文化墙增强了新生的爱国情怀，也让新生对学院文化充满自信，丰富的馆藏让新生对大学生活充满憧憬，馆员介绍让新生对专业阅读形成规划。大一阶段3000单词读本专柜为新生后期的学习打好了基础。

（二）专业阅读进阶模式：大二阶段

这一阶段主要与专业阅读课堂无缝对接，为大二学生提供外文原著阅读指导。并以《英语阅读》课程为基础，积极开展优秀读书笔记展示活动，为学生专业等级考试打好基础而服务。

（三）专业阅读深化阶段：大三阶段

这一阶段以考研指导为主，与教学无缝对接，引导学生开展原著阅读的同时，关注哲学、社会科学类馆藏的阅读，以专业语言学习为基础，找准考研提升方向，学院积极开展考研培训、阅读指南等工作。

（四）为社会输出专业人才：大四阶段

为国家输出有高尚道德素养的毕业生是大学培育工作的主要目标。学院在专业阅读上对大四学生进行了实习期间的阅读指导，并积极开展各类就业指导工作，为学院毕业生的社会输出保证最优的质量。大四学生即使临近毕业，也会积极参与资料室的阅读服务工作中来，借阅量保持稳定。

特别值得一提的是，大四毕业生好书捐赠活动，考研成功的学生会将自己的好书毫无保留地赠送给学院资料室，优秀毕业生们会将自己珍藏四年的3000词读本、5000词读本、原著等好书捐赠给学院资料室。

四、经验启示

（一）突出代表性

从2009年开始，重庆文理学院外国语学院资料室就开始用"至善"的幸福阅读理念，立足本职工作开展全民阅读服务道德建设工作实践探索。十多年来，在实践中，以习近平新时代中国特色社会主义思想为指导，认真总结从全民阅读服务到专业阅读服务的经验和收获，以"闭门造车"之形，成"厚积薄发"之势，打造具有独立特色的高校院系阅读服务文化品牌。

在学生培育上，具有突出的代表性，借阅量始终第一，读者阅读活动参与人次最多，考研成功者更有明显的代表性：

2009 级张立芳考取武汉大学思想政治教育专业；

2012 级李代玲考取中南大学伦理学专业；

2016 级李莲考取中南大学伦理学专业；

2016 级向娇考取昆明理工大学伦理学专业。

2016 级李月云考取中国人民大学外交学专业；

2017 级陈鑫考取华中师范大学政治学专业；

2018 级罗鸿芜考取南开大学马克思主义中国化专业；

2018 级李学湘考取西安外国语大学学科教育（英语）专业。

（二）突出操作性

在实践服务中，始终做到理论与实践紧密结合，与时俱进，成功开展了 136 次阅读推广活动，拟定 22 个活动主题，8900 余人次参与其中，对全国高校院系资料室阅读推广活动进行了有效的实践探索。

操作性极强，馆员只要充分发挥积极主动性，就可以从笔者自撰的专著中学到实际操作办法。

在实践育人方面，笔者有着十多年的实践经验累积，专著《高校院系资料室阅读推广活动运行机制研究》中案例分析值得推广和细品研究。

（三）突出示范性

重庆文理学院外国语学院资料室在阅读服务中，充分展示了馆员的专业业务水平，从伦理学的道德建设工作出发，有效营造了特有的文化氛围，展现了强烈的爱国情怀，激发了师生读者对阅读的热情，具有突出的示范性。

在高校纸质阅读日趋低迷情势中探索出全新的高校阅读推广服务模式，提炼出新时代高校专业读者的阅读推广范式；在师生读者道德建设的实践工作取得实际成效，生动展现院系从专业阅读向幸福阅读迈进的高尚价值追求和良好道德风尚。

第二节　高校院系资料室阅读服务数据可视化分析探索

图书馆的专业性是事业的"基本",更是职业的"根本"。我国高校图书馆服务如何将读者服务数据与专业阅读推广服务数据进行有机结合,数据可视化是当今大数据时代的图书馆服务中专业阅读服务的新命题。大数据、云服务等技术正在深刻改变着馆员和读者获取信息预知的方式,也改变着图书馆的发展形态。数据可视化解决的是对数据的感知和认知,能够直观给读者视觉冲击,依托可视化数据分析服务问题,可最大化吸引馆员更好地开展实践服务研究工作,最大化驱动读者内心阅读需求,形成心灵吸引。

随着我国大力提倡"全民阅读",微服务不断催生着图书馆提升服务意识,阅读无小事,服务无大事,高校图书馆读者服务中的专业阅读服务将成为高校图书馆服务大数据形成的基础,高校图书馆读者服务中的专业阅读推广服务数据理应作为重要的资源受到重视。

本节选取第二届"惠源共享"全国高校开放数据创新研究大赛的高校业务数据中安徽大学、东华大学、上海财经大学、上海外国语大学、上海师范大学、上海电力大学、上海海洋大学、浙江大学、同济大学9所高校在2013—2018年间的图书借阅数据,作为高校专业阅读分析和挖掘的对象,对当前我国高校图书馆外借数据的变化进行简单的可视化数据分析。笔者结合所在高校——重庆文理学院的图书外借数据,对高校院系资料室专业读者服务中的数据进行整理,梳理出未来高校图书馆专业阅读的趋势,以实践活动为例,挖掘出高校院系资料室专业阅读推广的多样化途径,抛砖引玉,以期为深入推进我国高校读者良好阅读习惯的养成,最大化地利用图书馆阅读服务功能,努力为推动我国"全民阅读"意识和趋势的研究提供借鉴。

一、我国部分高校图书外借数据来源及其研究方法

数据摘选高校图书外借数据集，时间跨度为2013—2018年，共获取17036498条借还数据。去除2012年、2019年、2020年不符合条件的数据，最终对16610462条有效数据采用Excel表格图表形式进行了可视化分析，可视化图形的呈现对图书借阅数据的现状、特点、趋势有较为直观的认识。本研究采用数据汇总、网络搜索、调查问卷和可视化分析方法，以Excel的制图功能为主要可视化辅助工具。

（一）我国9所高校图书借阅数据采集

数据已成为可视化分析的基础和核心，从"惠源共享"提供的日常外借数据——安徽大学、东华大学、上海财经大学、上海外国语大学、上海师范大学、上海电力大学、上海海洋大学、浙江大学、同济大学的6年借阅数据中，发现读者的借书数据和归还数据基本持平。以安徽大学、浙江大学、上海外国语大学的图书外借数据为例，2013—2018年这些高校图书外借数据呈逐年下降趋势，语言类学校纸质馆藏利用基本保持没变。

安徽大学在2013—2018年的外借数据基本平衡，读者在2013年、2016年、2018年借阅数据分别为200547次、174492次、182582次，2014年、2015年、2017年相比2013年、2016年、2018年有所下降。

浙江大学在2013年、2014年、2015年的图书外借数据分别为252624次、216670次、188999次，2016年、2017年、2018年分别为159461次、133121次、101000次，外借数据呈现递减趋势。

通过整理筛选高校图书外借数据，上海外国语大学2013—2018年图书外借数据每年基本持平，一直保持在12万次上下。

（二）应用型本科高校（重庆文理学院）图书借阅数据采集

读者的阅读行为可真实地通过可视化数据体现出来，9所高校图书外借数

据曲线图都趋于平稳，从中可以窥探出高校读者有着良好的阅读习惯。笔者通过高校图书金盘管理系统中的数据筛选，重庆文理学院图书外借数据借还数据也是持平。不可否认，随着电子图书、现代化高科技电子阅读器以及手机的阅读功能日益科技化，纸质馆藏借阅量呈现出逐渐下降趋势，读者对于纸质馆藏的需求出现较大幅度降低趋势。

（三）数据微服务中高校院系资料室图书外借数据采集

以金盘系统数据筛选为基础，笔者用 Excel 的制图功能作为主要可视化辅助工具进行分析。以重庆文理学院为例，外国语学院资料室图书借阅量远远高于其他院系资料室，外国语学院资料室的阅读推广服务推动了高校院系资料室借阅数据，通过阅读推广服务提升读者对院系资料室纸质馆藏的认可，引导读者有效利用馆藏资源，图书借阅数据的爬升明显。

（四）高校院系资料室专业阅读推广服务数据采集

专业阅读推广数据的产生究其因是一种独立行为，重庆文理学院外国语学院资料室从 2009—2020 年完成的 5316 人次参与的阅读推广实践活动，笔者对此进行可视化数据分析，通过数据采集和数据整理发现，高校图书馆专业用和院系资料室专业读者的阅读习惯和素养存在一定的共通性和差异性。

高校院系资料室借阅数据从 2013—2018 年也出现明显波动，纸质馆藏受到读者青睐。参与到阅读推广实践活动中的人数与图书借阅数据成正比。

2019 年度外国语学院开展的《读者幸福指数调查问卷》显示：课外多样化阅读的幸福指数超过了课堂学习的幸福指数，读者在资料室开展的阅读推广实践活动中的幸福指数为 89.31%，78.63% 的读者在专业类馆藏阅读中拥有幸福感，经典读后感活动中有 80.15% 的读者感到幸福，优秀读书笔记展示活动中有 70.23% 的读者感到幸福。调查问卷关键词词云图（图 9-1）充分说明阅读推广实践活动的开展有利于专业学生的身心健康发展，阅读推广活动深入人心，读者将阅读的幸福感延伸至专业学习中。

图 9-1　2019 年度读者幸福指数调查问卷关键词词云图

二、高校院系资料室开展主题阅读推广数据的实践与运用

院系资料室在专业阅读实践中以提升专业阅读水平为主要途径，开启"阅读强化技能""阅读疗愈心灵""阅读温暖生活""阅读满足需求""阅读成就梦想"的读者服务功能，有利于进行专业阅读推广路径观察和探索。

数据显示，院系资料室图书借阅数据与我国很多高校借阅数据相同，存在着共通性和差异性。共通性为通过阅读推广活动高校图书借阅中读者稳定，数据变化不大。差异性表现为院系资料室借阅图书以提升专业水平为主要借阅图书，图书馆借阅图书综合类文学书籍占据主要。

（一）专业阅读推广强化能力：开创生态自主学习实践平台

"跨境电商"读者实践活动推动了"企业—产业—专业—阅读"的循环发展，这是院系资料室阅读推广的途径之一。资料室申请了教育部高教司的产学合作协同育人项目，组织读者参与的"国家贸易实务"实践活动。2020 年 1 月 8 日，资料室开展了由 38 名商务英语专业读者参加的"跨境电商"实践活动。其中，25 名学生读者始终坚持利用北京南北公司电商平台进行"跨境电商"实践平台自主学习。跨境电商活动在 3 月 30 日截止时，最佳组合 4 名专业学生以人均 8900 分的高分获得特等奖，得到北京南北公司工程师的高度认可。"跨境电商"实践操作活动取得较好的效果，读者QQ群由原来的150多人上升到现在的382人，占全院学生人数的42.3%。

（二）专业阅读推广温暖人心：经典阅读怡情共享阅读芬芳

开展"墨唤韶晖，阅绽芳华"经典图书读后感征文活动，是"温暖生活"服务，也是专业读者服务的又一途径。馆员在QQ读者群与读者即时互动，推出该活动，鼓励专业读者塑造阳光阅读心态，调整不合理的认知，不听信谣言，坚定战胜困难的信心，用有益的阅读推广活动疏导专业读者的恐慌心理。

（三）专业阅读推广疗愈心灵："涅槃之痛，阅读生花"诗歌凝练心声

开展与时俱进的原创诗歌征集活动是院系资料室阅读推广第三条途径。馆员利用专业读者QQ群，推出"涅槃之痛，阅读生花"诗歌征集活动，收到99位专业师生读者的原创诗稿书法作品。资料室每日推出一首诗稿，专业读者之间产生共鸣，将读者服务与专业学习有机地结合起来，用创造性阅读思维辅助线上教学。"涅槃之痛，阅读生花"诗歌征集活动，收到了师生很好的反馈。

（四）专业阅读推广成就梦想："精卫衔微木，将以填沧海"细微见真心

院系资料室馆员应增强风险意识，主动提升专业素养，更好地为专业读者服务，积极开展无接触式服务形式的探索，将原有的"守株待兔"形式向"追根溯源"转变，微调专业学生读者的阅读认知活动，将近距离到馆服务向远距离数字化线上专业读者服务延伸，用QQ群文件形式开展专业知识特色化远距离服务，形成网络平台即时阅读服务，实现馆员角色本身的职业追求。

2020年6月，阅读推广活动首次采用线上远程、线下互动交流方式进行分享，对2020年主题活动进行了表彰，学院专业图书读者QQ群线上300余名读者和线下80余名获奖读者参与本次活动，馆员与考上中国人民大学、武

汉大学、中南大学等高校研究生的学生读者一起，开展了一场与读者线上线下分享学习经验的交流分享会。分享会分别从"阅读铸就书香气质""阅读让人遇事冷静""阅读提升研究兴趣""阅读使人理性思维""阅读牵手梦想齐欢歌""阅读成就人生赢家"六个方面分享考研的经验和教训，并给读者提出了很好的阅读建议和学习方法。

三、借阅数据可视化中高校院系资料室馆员技能素养的实践与实现

图书馆读者服务如何将专业阅读服务从简单的数据需求量变跨越至"至善"的质变，亟待我国图书馆界重视图书借阅大数据中的专业阅读微服务数据，也亟须我国图书馆馆员不断进行与时俱进的自我提升。图书馆正在跨越以藏书为中心和突出开放借阅的两个阶段，走向以人为本的专业阅读推广服务中来，数据管理服务工作的开展不断适应并注重人的需求，已然形成具有可接近、开放性、促进知识流通、激发团队群体阅读活动等鲜明特点的第三代图书馆形式。

（一）以点带面培养专业阅读推广人

阅读推广活动的基本宗旨为：遵循图书馆核心价值，尊重读者的阅读自由，引导读者阅读，吸引读者走进图书馆。具备读写素养的人，可以通过文字阅读获得更加完备、多元的知识，从而成为适应社会发展需要的人才。专业馆员培养一批将专业阅读推广视为己任的阅读推广人显得尤为重要，培养院系读者的成员团队意识，并结合院系专业的特点开展阅读推广活动会取得事半功倍的效果，在培养阅读推广人的同时也应积极注重学生阅读个性发展，形成榜样效应，以点带面开展专业阅读活动。

重庆文理学院外国语学院资料室从 2009 年开始，已培养专业阅读推广人 35 名。专业读者阅读推广部着重培养部门成员实践能力，注重学生个性化与专业化的发展培养，部门成员在部门、班级、年级乃至学院都起到模范先锋带头作用。馆员作为指导教师，将主题读书活动内容编辑成集，每年定期召开专

业读者座谈会，举办颁奖活动，培养成员团队意识。2016级师范专业2名学生参加校级课题研究《当代青年"隐形贫困人口"的成因及伦理对策初探》，2名学生撰写并发表伦理学专业论文2篇。实践证明，只有结合专业特点培养阅读推广人，并带动院系专业学生强化专业阅读，才可能真正将专业阅读推广服务落到实处。

（二）提高馆藏利用数据管理服务 & 提升专业技能

院系资料室引导专业学生关注读书、提高阅读率和鼓励积极阅读的服务工作，归根结底都是阅读推广工作。只有有效地宣传与推动阅读推广活动，才能真正全面地获得专业阅读技能的提升。重庆文理学院外国语学院资料室始终将阅读推广宣传服务放在首位，不断增强宣传、组织、策划等服务效果，2009—2019年借还量为116033册，全校专业馆藏借阅量始终排名第一，基本实现专业馆藏借阅量最大化利用。

从2009年的最低借还数据65册，到2010年、2011年的1409册、6616册后，资料室每年借还数据均在一万册以上，2012年10046册。随着我国"全民阅读"国家策略的不断推广，资料室阅读推广活动推动了学院资料室馆藏的使用，2013—2016年四年间，专业读者借还数据分别为15999册、13145册、18114册、17041册。2017—2019年借还数据分别为11435册、11561册、10602册。该数据体现了院系资料室是高校专业阅读推广的重要主体和力量，是专业阅读推广服务的主要阵地，专业阅读推广活动有助于馆藏资源的有效利用。

（三）打造家国情怀阅读空间铸就优秀品德

阅读静态空间与动态空间的适当分离，确保读者不同的阅读功用，确保了专业读者学习环境的静谧。

重庆文理学院外国语学院资料室借鉴欧美、日本高校学习空间研究理论，打造符合中国国情的专业读者自主学习生态环境。使用面积185m²，"学好外国语，做好中国人"的文化主题墙550cm×250cm，"外国语学院荣誉榜"400cm×170cm，荣誉墙与文化主题墙首尾呼应。

实践证明，有张力的空间服务与馆员优质服务可以大幅度提升馆藏的有效合理利用，阅读空间设计数据拓宽了院系专业读者的眼界，增加了专业读者专业阅读信念，中国图书馆法引导图、自习区阅览桌上温馨小提示等，逐步完善阅读服务理念的静态空间。

（四）培养馆员的综合素养技能温暖疗愈心灵

数据可视化可以直观地帮助读者了解自我阅读的刚性需求。与此同时，馆员应不断修正自身不足，提升综合素养，熟悉学院专业特色、教学计划、专业阅读计划，根据专业教学目标进行馆藏更新。馆员遇事应冷静从容，对待专业读者应热情有尺度，有应对突发事件的智慧，对待读者应平等公正，给予读者自由阅读空间。馆员应实时跟踪读者阅读需求，通过调查问卷、读者座谈、阅读习惯分析尝试各类主题阅读活动，探索专业读者大学四年的内心阅读需求，分阶段提供专业阅读推广服务，主题读书活动应遵循年级教学计划的变化及时对读者进行善意的阅读引导，以此保证专业图书借阅数据的稳定攀升。

重庆文理学院外国语学院资料室馆员根据学院专业特点，从2009年秋季开始开展专业阅读推广活动。从浅尝辄止到初具规模再到形成品牌，每学期利用资料室空间布置作品展台，用年轻人喜闻乐见的形式吸引专业读者。坚持每年开展"好书由你荐""旧英文报纸换阅"活动和每学期开展的"阅读推广部招聘"活动等。资料室拥有438人的专业读者群，每月资料室借书均在1000本左右，专业读者积极宣传资料室专业馆藏，以点带面，学院以爱阅读为荣，形成专业阅读氛围，促进专业读者阅读习惯养成。

实践表明，专业阅读推广服务应借助院系专业优势开展有效有益的阅读推广活动，与专业教师读者和专业学生读者密切联系，把每一次活动、每一次借阅变成优质服务阵地，与读者形成良好互动服务关系，达到学科服务与专业服务的目标。

四、高校院系资料室专业阅读推广数据的启发与设想

（一）大数据与小数据无缝接轨实现高校图书馆与院系资料室的共通性

专业阅读推广活动数据可视化对提高高校阅读数据服务的精确性、高效性具有至关重要的意义。院系资料室开展专业阅读推广数据管理服务，确保专业阅读在专业教学中的重要地位。建设与图书馆无缝接轨的有"大智慧"、有"服好务"、有"精气神"的专业资料室势在必行。馆员通过自身专业技能素养，可以全方位带动专业读者的学习动力；只有建设有针对性的院系资料室，才能更好地孵化专业人才，提升专业人才专业素养。馆员应不断参考借鉴高校图书借阅数据，利用大数据修正专业阅读服务中小数据管理服务中的不足，科学有序的数据可视化分析有利于阅读推广服务在实践应用中的合理发酵，将院系资料室的专业读者服务与高校图书馆阅读服务真正良性结合起来，从普适技能到嵌入式实践服务，更好地推动专业阅读服务工作的有效开展。

（二）边缘数据服务挖掘专业阅读中读者的差异性

不容置疑，专业阅读有着与高校图书馆明显的差异性，读者更为专业，阅读图书更为专注，专业阅读推广数据产生的边缘数据也不可忽视。馆员应不断挖掘专业读者的偏好和需求，以点带面地开展阅读推广服务，努力将其转化为核心数据，从而提升阅读推广服务质量。淡化约定俗成的专业阅读推广活动形式，创新符合专业特点的阅读推广服务工作，激发专业读者接受新事物、新知识、新业态的学习心理，并开发新的阅读推广服务数据，不断地提升阅读推广核心数据的管理与服务工作，实事求是地开展院系资料室专业阅读推广工作，促进专业人才的全面发展。

（三）及时服务与即时服务并轨开展专业阅读延伸服务

馆员是推动主题阅读服务的多元化发展的主力军，将符合院系专业特色需

求的信息资源进行整合,通过网络实时发送给读者,以满足读者的阅读需求。及时为专业读者提供信息服务,指导专业读者运用网络平台(学校主页图书馆金盘系统馆藏检索、超星移动图书馆、微信公众号等)查找馆藏,设置借还书指示牌,中图分类法牌,通过 QQ 群、微信群及时获取信息,及时给予答复。将学生课程需要的专业书设置专柜,如:学院教师专著设置专柜,3000 单词床头灯系列馆藏统一分类放置,便于读者直观借阅。馆员应将传统被动的"守株待兔"借阅模式向主动积极"追根溯源"推送模式转化。根据专业特色,听取专业教师读者建议,听取专业学生读者建议,有针对地探索教师和学生的个体发展需求,为专业读者提供个性化专业时空服务。

(四)丰富与多元拓展院系资料室馆藏文献资源

借鉴大数据与小数据的共通性和差异性开展日常服务工作,院系资料室馆员应关注图书馆的借阅数据变化,与时俱进地及时调整院系资料室的阅读推广活动,以最大化实现馆藏建设的丰富和多元。笔者每年开展"好书由你荐"工作,及时向院系领导汇报阅读推广活动进展,在宣传资料室开展新生入学教育,保障专业读者阅读推广活动经费的正常运转;组织相关阅读推广学生团队,馆员和学生团队一起参与到阅读推广活动中。馆员应及时调整服务方法,在学校提供采购专业馆藏经费的情况下,及时根据学院师生读者需求购进当前最新的专业图书。馆员应提倡专业读者捐赠专业图书活动,将毕业季专业学生难以带走的书籍进行筛选、清理、修补,及时上架。馆员应积极提高自身专业素养,确保所有馆藏的验收、整理、编目、典藏、上架,及时将典藏后的馆藏通过 QQ 群与读者反馈,做好新书通报,延伸时空服务功能。

事实上,院系资料室开展专业阅读推广活动是一项并不成熟的读者服务,馆员基本上都是"摸着石头过河",并未形成固定的数据可视化分析模式和具体的人员分工。院系资料室专业阅读推广只有与专业教学紧密联系,实现由传统的"守株待兔"读者服务向宣传引领式、温馨式读者服务的重要转变,使院系资料室成为高校思想政治理论课实践教学的重要平台,探寻具有专业特色的阅读推广服务现实路径应成为高校院系资料室的本能思考。真正实现院系资料室成为"重大社会事件的积极反应者""图书馆生态系统的方向引领者""培育阅读习惯的专业推广者""弥合信息鸿沟的技术赋能者""服务创新与终身学习的坚定践行者"的终极目标。聚焦阅读数据管理服务问题，拓展阅读推广数据管理服务新态势，达到读者阅读幸福最大化，从而实现培育活动品牌，培育读者终身阅读习惯的终极目标，为我国"全民阅读"国家策略添砖加瓦，加快实现"全民阅读"之伟大愿景的步伐。

第三节　开展"幸福阅读"理念的阅读服务转型研究

如何利用"幸福阅读"理念提升阅读有效性，是馆员一直以来阅读推广实践研究的内容。馆员应运用伦理学应用理论，在英语专业的阅读服务中，立足专业特色，以学生发展为中心，促进阅读者的认知和情感、行为投入，实施主题创新与传统阅读推广行动相融合，特别是在应急阅读服务中，通过经典阅读推广、优秀读书笔记展示、真人图书分享、读者座谈会、读者幸福指数调查问卷等有效的阅读行动，大大提升专业读者阅读能力和阅读量，实现了馆员与读者之间的双向奔赴，达成了幸福阅读目标。

一、幸福阅读

幸福是伦理学范畴之一。人们在社会的一定物质和精神生活中，由于感受或意识自己预定的目标和理想的实现或接近而引起一种内心满足。根据马克思主义的观点，人们对幸福的看法与他们对人生目的和意义的理解分不开，而且归根结底是由一定社会的经济关系和生活条件决定的。在阅读推广中，如何帮助读者树立正确的阅读观，将专业学习目标与专业阅读兴趣有机地结合起来，是馆员研究大学阅读推广"为什么而阅读？应当怎样阅读？"中的主要问题。

享受阅读是一种幸福的能力，因为阅读，我们走进自然、走进伟大的心灵、走进自我。然后我们拥有内在的耳朵、内在的眼睛，见人所不能见，听人所不能听，然后拥有幸福清明的人生。向往幸福，人之天性。大道至简，实干为要。

二、最初的阅读服务行动："守株待兔"

借阅量是考核图书馆馆员服务和读者阅读数据的重要指标。笔者所在的高校是一所全日制普通本科高等学校，图书馆下属19个专业二级图书资料室。二级学院的借阅量基本为"守株待兔"模式，一名馆员负责所有资料室工作（开放、征订、采购、编目、复印等），没有借阅感知，更无借阅幸福需求。一个月借阅量只有几十本，有的资料室一年都没有什么利用率。

（一）最初的观察

图书馆评估二级学院资料室，按时完成借阅任务、以每月借阅量200本、每学期开展1~2次活动为优秀。笔者2009年5月来到资料室服务，所在的外国语学院资料室馆藏9000余本，师生读者1000余人。2009年秋季之前，资料室基本不开放，借阅量很低（见表9-2），在2009年之前，近十年的借还量每年不超过100本，学生活动大多以开展与阅读没有直接联系的学生活动为依托开展。

表 9-2　2001—2009 年馆藏借还量

年份	借书量/册	还书量/册	借还总数/册	独立的读书活动/人次
2001 年	14	15	29	0
2002 年	22	19	41	0
2003 年	49	44	93	0
2004 年	29	40	69	0
2005 年	23	22	45	0
2006 年	27	24	51	0
2007 年	16	20	36	0
2008 年	24	17	41	0
2009 年	30	35	65	15

2009年秋季，笔者针对此现象，依据伦理学幸福观原理，将如何提升学院专业读者阅读幸福感为主要服务目标，展开了持续改进的阅读推广服务有效性探索。最初始于2009年秋季，笔者坚持每周工作日全天8小时开放，并推出读者之星评比活动，评选出15名读者之星，并根据师生读者推荐购进最新的专业藏书，用最快的时间编目上架新书，2009年全年借还量为65本。

（二）最初的反思

从表9-2的借阅数据可以看出，读者之星评比活动没有达到预期效果，与读者的借阅量没有直接关系，馆员购进新书也没有激发读者的阅读热情，对二级学院资料室的馆藏没有深入了解的兴趣。例如，读者之星证书通过辅导员发送到获奖者手中的时候，获奖者竟然不知道还有这样的荣誉。对于英语专业的专业资料室知之甚少，传统的"守株待兔"模式也导致读者望门不入。馆员的阅读图书服务质量有待提高。

对于最初的局面，馆员虽然早有预料，所有最初的付出都需要不断的反思和求问，向书求问，向专家、同行请教，召开读者座谈会，但读者座谈会结果依然让馆员吃惊和惭愧。读者座谈会中，读者表达了对阅读的喜欢，期待阅读，但对馆藏质量和馆员服务质疑，而且更期待阅读后有所回馈和感悟分享，读者期待在阅读中实现专业能力提升和文化素养提升。

三、行动的展开

经过最初的观察，笔者决心从根本上解决读者利用专业馆藏低效的局面，即通过借鉴其他高校的读书活动，模仿和寻求与专业相符合的读书活动，有效提高读者阅读的效率和质量，在有限的馆藏室里，利用黑板做阅读宣传墙。以鲜明的读书主旨"学好外国语，做好中国人"为阅读服务主题，辅以阅读名人名言，吸引读者的注意力和关注力。加深读者走进资料室的感官体验，从而促进读者对阅读的兴趣和自我能力提升的需求。

显性提升专业读者对专业阅读质量的隐形有效性，必须解决两大难题：一是如何帮助读者提高阅读内容的广度和深度,让馆员和读者都有收获;二是采用怎样的阅读推广服务形式,在提高读者阅读质量的同时,提升专业阅读能力的效果。

(一)第一轮行动

1. 调整读书活动的内容和时间

笔者决定从两个方面来改进阅读推广的质量:一是重新调整阅读推广的时间安排,将5月的阅读推广活动从1个月调整为2个月;二是发挥专业教师的支架作用,帮助学生读者了解专业馆藏的丰富,笔者自学熟悉并了解资料室馆藏,与前来借阅的读者做好简单的交流与互动,严把阅读质量关。

为了避免再次出现"不知道怎么准备"的问题,笔者特别注意专业教师的干预作用,就阅读课程的知识点重新组织并制作了阅读推广活动,增加开展优秀读书笔记展示活动。优秀读书笔记展示活动的开展,极大地提高了读者借阅量,并且提升了读者的阅读兴趣。2010年春季参与阅读推广活动44人次,2010年秋季增至98人次。2011年春季171人次,2011年秋季113人次。借阅量也出现了突破(见表9-3),2010年总借还书1409册,2011年总借还书6722册。

表9-3 2010—2011年读者活动统计表

年份	借书量/册	还书量/册	借还总数/册	春季读书活动/人次	秋季读书活动/人次
2010年	847	562	1409	44	98
2011年	3526	3196	6722	171	113

2. 观察与发现

因为阅读推广活动大多在阅课堂教学之后进行,学生对阅读馆藏有了较深入的理解,加上有充足的计划时间和教师的阅读课程质量把关,这一轮的馆藏利用率大大提高,读者对知识点的阅读深入细致,读书笔记更起到了提升专业素养的要求，读者的阅读自觉性有所提高。在活动开展过程中，读者能根据课程需要就读书笔记的关键词和主要内容进行阅读，并将自己的感悟写入读书笔记，加深了对馆藏的阅读理解，加深读者对阅读课程知识点的理解。

阅读推广活动质量的提高，吸引了读者的注意力，增加了读者的参与度。虽然读者的阅读质量有了很大的提高，但笔者也意识到，课堂教学后对阅读知识点的讲解并不能对读者构成足够的挑战，有些学生读者因为对知识点已有足够的了解，不再愿意借阅更多的馆藏，仅限于专业教师的推荐，这大大地限制了读者的阅读面，错失了合理利用馆藏的学习机会；同时，学生读者以班为单位的跟风借阅，也导致了馆藏的匮乏；在活动中，缺乏阅读主题的分享与共享过程，其阅读的趣味性也大打折扣，参与度波动较大。

3. 反思

"幸福感指数"的"不丹模式"引起了世界的关注。幸福感属于伦理范畴的内容，是一种心理体验，也是对生活的客观条件和所处状态的一种事实判断，又是对于生活的主观意义和满足程度的一种价值判断。它表现为在生活满意度基础上产生的一种积极心理体验，而幸福感指数就是衡量这种感受具体程度的主观指标数值。

基于此观点，笔者决定引入读者阅读幸福指数调查问卷，进行专业阅读推广活动。幸福调查指数调查问卷，可以起到很好的疏解作用，让读者理解阅读何以幸福，特别是在自我选择后的阅读行为，更能有效地产生阅读幸福感。读者把所阅读的知识应用于实际任务，不仅促进了语言知识的内化，还培养了读者探索、思考以及协作的幸福阅读能力。

（二）第二轮行动

采用"幸福阅读"为服务目标，以专业读者集体的阅读量为阅读服务方向，实施第二轮计划。阅读幸福感犹如空中楼阁，只有服务落地才能取得阅读行动的有效性。针对专业课程开展有针对性的阅读推广服务，从专业计划、阅读课程入手，拟定读书活动主题，对大一、大二、大三、大四学生读者进行分层阅读服务，并将参赛作品进行分专业、年级评比，评出奖项，进行积极奖励。

1. 嵌入幸福阅读理念，开展主题阅读推广活动

《国家中长期教育改革和发展规划纲要（2010—2020年）》将"心理健康""身心健康""幸福成长""立德树人"作为关键词，引发了社会对人们幸福感的高度关注。

2012年，笔者注重伦理素养调整阅读推广服务工作。2012年3月12日，建了专业读者QQ群，成立了阅读推广学生干部部门，专门开展阅读推广深入班级宣传工作。围绕主题的重新设计征文内容，对阅读推广部成员间的推广提出了新的要求，合理打造全新主题，吸引读者。为确保展示活动的逻辑性和连贯性，小组成员必须进行周密的计划、合理分工、资源共享、互助合作；并提出不仅对班级推广，更提出以寝室为推广活动场所开展推广。

2012—2019年间，笔者与读书活动部成员一起，合力打造16个读书活动主题（见表9-4），开展10次英语专业《英语阅读》课程优秀读书笔记展示活动，以课程笔记为主导，并进行装饰橱窗笔记展示；8次经典读后感活动，要求参与读者手写作品，并上交电子版，以800字为限，打印电子版编辑成集锦。8次读者座谈会，了解读者阅读需求和课外阅读喜好。16次颁奖活动，邀请学院主管领导为读者讲述读书的意义，邀请获奖者现身说法，讲述自己的阅读体验，馆员加强自身学习，与读者交流，帮助读者了解资料室馆藏；并积极申报产学课题，结合笔者主持商务英语专业产学研项目，开展阅读实训活动2次，商务实训活动从2018年12月一直持续到2020年7月。

特别是2019年秋季以"朗卷绎思，铭丹秉责"为主题，庆祝新中国成立70周年，庆祝建党100周年，主题鲜明地表达青年人在全民阅读中的责任和思考，"朗卷绎思，铭丹秉责"有清朗的阅读、精心的研读、碧血丹心一心向党、责有悠归之意。这个主题吸引了众多学院读者，读书活动参与度达到了403人次。

表 9-4　2012—2019 年读书活动主题

年份	春季读书活动主题	秋季读书活动主题
2012 年	书之精华,吾之所悟	读一本好书,享精彩人生
2013 年	方寸世界蕴书情	万书丛中觅珍品
2014 年	书香致远,墨卷至恒	啜英嚼华,书尽世微
2015 年	芸香萦绕,卷意茗纪	阅舞华章,阅动苍穹
2016 年	墨香流韵,覃思满笺	笃勤卷漫,墨铸丰赡
2017 年	浅酿隽语,悦怿悠燃	博卷漫抒,润墨成锦
2018 年	笃勤卷漫,墨铸丰赡	浅酿隽语,悦怿悠燃
2019 年	简吟趣颂,聿抒懿德	朗卷绎思,铭丹秉责

活动主题推出,辅之以借阅时馆员的热情讲解,有效地提高了资料室年度借阅量,2012 年全年借还量 10249 册,2013 年 15999 册,2014 年 13145 册,2015 年 18111 册,2016 年 17038 册,2017 年 11435 册,2018 年 11560 册,2019 年 9884 册(见表 9-5)。

表 9-5　2012—2019 年读书活动统计表

年份	借书量/册	还书量/册	借还总数/册	春季读书活动/人次	秋季读书活动/人次
2012 年	5370	4879	10249	144	300
2013 年	8131	7868	15999	276	218
2014 年	6526	6619	13145	278	220
2015 年	8918	9193	18111	220	301
2016 年	8450	8588	17038	301	241
2017 年	5535	5900	11435	299	242
2018 年	5625	5935	11560	319	309
2019 年	4908	4976	9884	354	403

2. 观察与发现

观察发现,英语专业《英语阅读》课程优秀读书笔记展示活动,以课程笔记为主导,并进行橱窗展示,取得了很好的效果。经典读后感活动,手写作品和电子版的结合,极大地提高了读者的参与度,提升了读者的借阅兴趣,提升了读者的专业阅读热情；打印电子版编辑成集锦，增加了读者走进资料室次数，有的读者甚至每个工作日都要到资料室看看集锦，逛逛书架。

商务英语专业阅读实训的开展，打破了商务英语专业读者借阅量零的突破，借阅量得到了有效的提高。读者与馆员之间相谈甚欢，远远见面就热情地尊称馆员为老师。

读者的专四、专八考试成绩提升显著，毕业生合格率得到了有效的提高，考取研究生质量也显著提升，阅读推广部学生干部多人分别考取武汉大学、中南大学、中国人民大学和昆明理工大学。

3. 反思

根据伦理学幸福原理，不同的阶层、不同的阶段、不同的时代，人们都有着不同的幸福观。无产阶级的幸福建立在集体主义基础上，把争取广大人民的幸福和实现人类解放看作是自己最大的幸福。认为人们的幸福生活，不仅仅包括物质生活，也包括精神生活；个人幸福依赖于集体幸福，集体幸福高于个人幸福；幸福不仅仅在于享受，更不在于个人的享受，而主要在于劳动、斗争和创造。

基于此观点，要做好全民阅读服务工作任重而道远，馆员不能局限于眼前的阅读量和读者阅读能力的提升，应以全民阅读为己任，发动更多的读者，甚至是所有学院读者自觉阅读。小小资料室的工作还不足以真正解决所有笔者所服务的读者的阅读需求，QQ 群、微信群都没有真正发挥其该有的全民阅读作用。过多的阅读推广活动的开展，丰富了学院大多数读者的课外阅读生活，但是也给阅读推广部的学生干部造成了学习时间调配的困扰，2019 年 12 月，阅读推广部学生干部集体辞职现象也说明阅读服务并没有想象中的轻松和简单。

面对数字移动阅读，资料室纸质馆藏阅读受制于此，在专业阅读推广中，如何协调纸质阅读和数字阅读的鸿沟，也是研究的两难选择。

2019 年 12 月，很多人只能宅在家里阅读，专业读者的阅读兴趣有所降低。为此，笔者对读书服务进行了反思。

（三）第三轮行动

北京大学王波教授的阅读推广和图书馆阅读推广的定义，给笔者一定的感悟。王教授认为：阅读推广是为了推动人人阅读，以提高人类文化素质、提升各民族软实力、加快各国富强和民族振兴的进程为战略目标，而由各国的机构和个人开展的旨在培养民众的阅读兴趣、阅读习惯，提高民众的阅读质量、阅读能力、阅读效果的活动。图书馆阅读推广是指图书馆通过精心创意、策划，将读者的注意力从海量馆藏引导到小范围的有吸引力的馆藏，以提高馆藏的流通量和利用率的活动。爱因斯坦说："提出一个问题，往往比解决一个问题更重要。问题的发现和提出，经常意味着一个新领域的开辟。"遇到新问题，及时调整服务方向是馆员应有之选。

1. 阅读疗愈，应急阅读推广服务

2019年底，笔者学习了王波教授的《阅读疗法》，王波教授积极倡导阅读疗法"阅读近德，大德必寿；阅读近仁，大仁必寿"的思想；学习了湖北文理学院张鑫老师的"阅读疗法的疏通魅力"、阅读疗法空中花园的方法，针对当时的疫情，开展了特殊时期的疗愈阅读推广服务工作。即使只剩下馆员一个人，也要为读者做好服务工作。

2020年1月23日，为了配合学校线上授课模式，馆员通过网络，继续开展了2018年底就在做的产学研合作项目、线上商务英语实训活动，并要求读者将参加实训的感受写成文字，复课之后38名读者交了实训感悟。

2020年春节，笔者利用QQ群开展了"涅槃之痛，阅读生花"战疫诗歌征集活动，馆员与读者通过浪漫的诗歌克服疫情紧张情绪，101人参与，复学后将读者自撰诗歌编辑成集锦。

2020年3月（见表9-6），推出"墨唤韶晖，阅绽芳华"系列阅读推广活动，馆员及时加强自身学习，5月6日将读书活动部改名为"阅读推广部"，并通过QQ群招聘新成员。10月10日，将QQ群的容量升级为2000人，将疗愈阅读付之于行动，为学院读者做好阅读推广服务工作。通过经典阅读读后感活动、真人图书分享、科幻经典读后感和科幻原创征文、多语种书法展示活动，线上线下结合取得有效数据喜人。2020年春季线上线下阅读活动，特别是颁奖活动暨考研阅读分享会，当季总参与人次突破一千人。

表9-6 2020—2023年读书活动主题

年份	春季读书活动主题	秋季读书活动主题
2020年	①涅槃之痛,阅读生花 ②墨唤韶晖,阅绽芳华	索骏探月,摩词寄意
2021年	芯火存文,阅善存臻	凭澜墨放,揽胜阅欢
2022年	科望宇宙,幻阅世界	①白衣请愿,星火驰援 ②少年挥毫,阅颂风华
2023年	点墨书香,宏兔颂春	丹青流韵,致美同行

在这一轮行动研究中，2020年复学一个月，2021年复学也只有一个多月，2022年复学一个多月，但在短暂的复学中，读者借阅量依然喜人（见表9-7）。2020年借还总数5804册，2021年5648册，2022年3427册。

表9-7 2020—2023年读书活动统计表（截至2023年8月5日）

年份	借书量/册	还书量/册	借还总数/册	春季读书活动/人次	秋季读书活动/人次
2020年	2745	3059	5804	1046	319
2021年	2832	2816	5648	834	696
2022年	1513	1734	3247	551	820
2023年	851	890	1741	1087	86(截至8月5日)

2023年8月1日推出的"丹青流韵，致美同行"多语种书法展示活动截至8月5日完稿之时，报名人数为86人次。

2. 观察与发现

持续有效的阅读服务行动，能从唤醒到觉醒再到自觉选择，阅读推广行动的实施，取得了有效的阅读能力的提升，读者在阅读服务中，获得了精神幸福、阅读幸福，得到专业知识和社交能力的有效提升。读者从怯怯走进资料室到落落大方地与馆员交流，从只言片语到侃侃而谈，与读者和馆员分享阅读的所思所想，"幸福阅读"理念的研究行动，得到了下至师生、上至学院领导的认可。资料室空间的不断升级，阅读文化墙的内外联动，都有效地提升着英语专业学生的阅读和学习能力。

在阅读推广的渗透迁移、阅读时间分配、阅读过程的把握等方面需要馆员通过反复实践、不断雕琢、顺次提升，馆员与读者之间关系会发生微妙的变化，这同样是阅读推广"向善"智慧的体现。图书馆阅读推广服务是一个复杂的人与人之间的活动，它充满着变化和问题。

从读者借阅书目探索专业读者，从全民阅读到专业阅读，再从专业阅读到幸福阅读，从幸福阅读再落地到全民阅读的循环服务过程，是一个全新的行动研究模式，笔者将用新的行动持续进行研究。

3. 反思

在有效的持续的规律的"幸福阅读"推广行动中，读者自我感觉良好，关注度和参与度有显著的提升，活动时间的持续延长，能帮助读者养成好的阅读习惯，QQ群的纯净阅读推广空间有效地形成了人与人之间的互助互爱，学会分享和共赏阅读感悟，通过分享，有效地提升了馆藏的利用率，读者会时刻关注资料室的开放与否，已经形成了阅读良性循环机制，馆员的自立自强和推广时间的付出，也潜移默化地吸引读者自觉走进阅读，打开自我阅读心扉。

不足之处，应急阅读服务也只能有效提升有自我选择意识的读者阅读能力，有极少数读者沉迷游戏，无法自拔，笔者自2022年开始，将阅读研究行动的视野投射到了这一类读者，例如，深入学生寝室了解这一部分读者阅读需求，也成功将极个别读者吸引到专业阅读中，并连续三个学期参与阅读推广活动。也将关注点投射到孤僻内向学生读者身上，与辅导员甚至和专业老师一起帮助学生读者克服困难，与读者浅显地理解阅读的幸福，但总的来说，收效甚微。极个别的孤僻读者将阅读推广活动当成了解压的生活方式，每周不来与笔者打个招呼就感觉有缺失，这也有个人主义的倾向。但借阅量的保持始终需要有效的阅读推广活动的支撑。从图9-2中可以看出，再短暂的复课时间，资料室阅读推广活动都得到了读者的广泛关注，读者阅读能力的提升是支持教学的有力支撑。

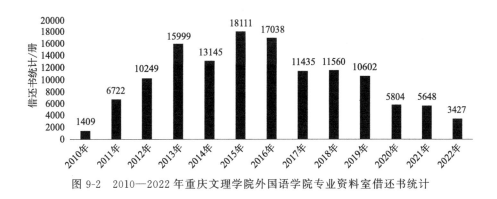

图 9-2　2010—2022 年重庆文理学院外国语学院专业资料室借还书统计

四、幸福阅读研究的启示

孔子说"学而不思则罔，思而不学则殆""有教无类"，馆员应在阅读推广服务中，以提升读者阅读有效性为服务宗旨，全力配合教师在课堂上学生"因学而来""因学而进"的求知心理，把专业学习强化为兴趣学习，着眼于人的"向善""向上""至善""本真"的简单伦理向上心理，从学生的潜意识的追求权力与自由平等角度，引导学生用公平、公正的态度去理性衡量自己的专业阅读知识结构，让学生自发地、快乐地进行理性的阅读习惯微调，将课堂教育引导与课外幸福阅读真正地紧密结合起来。最终实现大学生为专业阅读、为未来阅读必将与幸福阅读融为一体的伦理阅读景象。

如果我们从生命成长的本质来看，关注读者读什么内容是重要的，但关注读者怎么选择内容更重要；关注读者在阅读中获得什么内容是重要的，但关注学生是否获得了读书的兴趣更重要。"主题阅读"旨在帮助学生找到选择阅读内容的方法，从而使学生获得生命发展的动力，促进学生生命向更高层次提升，让阅读为读者一生的发展奠基，这才是"幸福阅读"行动研究的最大意义。

在阅读推广中,以有效的行动研究帮助读者树立正确的阅读观,将专业学习目标与专业阅读兴趣有机地结合起来,虽然研究时间较长,馆员立于实践,通过阅读推广行动研究大学阅读推广"为什么而阅读?应当怎样阅读?"的问题,解决了图书馆阅读推广活动由俭入奢、由奢入凡的简单阅读推广过程,为实现中国现代化进程中的全民阅读做出了应有的贡献。

第十章
中国特色的高校图书馆全民阅读服务研究

阅读推广服务是做好高校图书馆读者服务工作基本的有效途径,面对未来,我们的实践和研究如何涉足,元宇宙时代是未来触手可及的互联网,值得我们细细咀嚼和探索。但目前阅读推广服务普遍存在我国高校很少或者很难开展,往往会出现馆员一厢情愿,读者参与积极性不高。技术的先驱引领能给馆员和读者以信心和憧憬。因此有必要系统地探索图书馆的阅读推广服务与全民阅读国策中全民素质提升的理论、制度、政策、机制等,试图探索出元宇宙时代,研究者处于现实中对未来可落地的转型服务模式探索,为应用型本科高校图书馆室阅读推广服务探索新的"服务点",为高校图书馆阅读推广服务提供理论依据,为实现"全民阅读"的强国目标提供理论实践指导。

1888年,杜威❶在纽约州立大学毕业典礼上指出,"今天我们感兴趣的图书馆,兼具有储藏文献、娱乐消遣以及其他自身拥有的良好特征,是名副其实的人民的大学。"高校图书馆在阅读服务中,如何把分散的阅读服务知识形成体系,是当前高校图书馆面临的难点,如何把有体系的高校图书馆传统服务理论付诸实践,这是高校图书馆将阅读服务理论运用于实践该有的行动力。

---

❶ 麦维尔·杜威(1851—1931)出生于美国纽约,是美国图书馆史上成就最大、影响最深远的人物。他创办了图书馆学专业杂志,成立了图书馆行业协会,创建了图书馆经营学院,发明了文件分类法的十进制系统。终其一生,他发起了一场又一场颠覆性的图书馆革新运动,为美国乃至世界的图书馆事业做出了不可估量的贡献。

阅读推广服务研究是一个多学科交叉的应用研究领域，不仅要研究阅读，更要研究推广。就学科关系上，可以认为阅读推广服务研究是阅读学的一个子类。它还涉及教育学、传播学、社会学、认知科学（阅读学）、图书馆学甚至市场营销学等多门学科，从不同学科角度进行研究，侧重点都有所不同。如教育学侧重认知机理的研究，社会学侧重调查统计，而传播学最值得借鉴，侧重通过方法和过程的设计达到影响效果。这正是阅读服务应借鉴和学习的。

第一节 融入学习和生活的阅读服务

阅读是人类一种高级的认知行为。阅读是运用语言文字来获取信息、认识世界、发展思维并获得审美体验与知识的活动，也是从视觉材料中获取信息的过程。视觉材料主要是文字和图片，也包括符号、公式、图表等。阅读是一种主动自觉的行为过程，是由阅读者根据不同的目的加以调节控制的，陶冶人们的情操，提升自我修养的行为。

全民阅读绝不仅是可有可无的文化事件或文化现象，它还关系到民族复兴目标能否实现。世界文明史的历程告诉人们，国民阅读率的高低，直接影响国民的文明程度，对国家与民族的兴衰成败有着巨大的影响力。推进全民阅读、提高全民素质，是实现国家繁荣富强的重要之举，也是实现中华民族伟大复兴的基础工程，高校图书馆应与时俱进承担起将全民阅读进行到底的责任和使命。

新时代到来，人们除保留传统的阅读习惯外，也增添了新的读书方式：阅读服务志愿者们在视障人士耳边娓娓道来，讲述电影里的精彩，让很多人"听见文字"；年轻人围坐相聚，"演绎"剧中人，用新潮社交方式"看见故事"；科技发展，让大山不再闭塞，点亮手机的那刻，农家娃也能与世界相连，用一只手指"触碰未来"。试想不久的未来，元宇宙到来之时，人们就能用触觉、味觉去体验阅读之美。

在北京："光明影院"项目，将经典影视制成可传播的无障碍电影，由中国传媒大学志愿者发起。3年，312部无障碍电影，覆盖全国31个省区市，让200多万盲人"听见文字"。点亮读书灯，让知识涓涓流入脑海，原来阅读让世界如此精彩。

线下读书会，让志趣相投者的思想产生碰撞，提供深度思考空间。阅读是人类发出的最美妙的声音，为黑暗引一簇灯火，和书籍生活在一起的人，可化腐朽为神奇，化黑暗为光明。倾谈，平生二三事何足消遣，与有故事人共处，从无字句处读书，追寻知识的人，点亮星火灼灼；与君子相携，与真理为伴，思想碰撞思想，方能天开地阔。

在长春：多人角色扮演的推理游戏，在城市年轻人中流行，创造阅读沉浸式体验，让你我"看见故事"。看见，不等于思考，开启大千世界，岂止一种技巧？

在吉林延吉依兰镇春兴村：大山里，可以用网络手段开展阅读，科技发展，让读者与大山外的世界相连，时刻"触碰未来"。

想象，阳光消失的树梢不是尽头。大山深处，念头随江海奔流，四季轮转，遍历河湖山川，无限星空，尽在眼中心头……

一、阅读传统是中华文明的基因

中华民族是世界上热爱读书的民族之一，原因主要有三：哲人提倡、技术支撑、科举制度。

哲人提倡，形成阅读传统。《论语》开篇："学而时习之，不亦说乎？有朋自远方来，不亦乐乎？人不知而不愠，不亦君子乎？"第一句就是劝学，《论语》提到"学习"的内容有近50次，可见将学习的重要性置于何等重要程度，这也是孔子讲学的根本目的，并将"学习之乐"先于"交友之乐、君子之乐"，摆在第一位。

中国历代圣人先贤无一不提倡读书。《荀子·劝学》中"吾尝终日而思矣，不如须臾之所学也"，朱熹说："无一事而不学，无一时而不学，无一处而不学,成功之路也"。这些哲人先贤的至理名言凝聚成民族的共识,形成中华民族的学习传统。

技术支撑,促进阅读传统。我国造纸术和印刷术两大发明,大大提高了书籍的印刷效率,使书籍普及到民间,提高了百姓的阅读书写能力,使更多的人能够读书,促进了读书的传统。当时中国的知识普及程度独步于世界,也使中华民族成为世界上读书人最多的民族。

科举制度,巩固阅读传统。科举制度是中国古代选拔人才、打破阶层固化、促进人才流动最为公平有效的途径。科举制度激发了百姓的读书热情,也推动社会出现了更多的官办学院和私塾。宋代皇帝赵恒的《劝学诗》"富家不用买良田,书中自有千钟粟;安居不用架高堂,书中自有黄金屋;出门莫恨无人随,书中车马多如簇;娶妻莫恨无良媒,书中自有颜如玉;男儿欲遂平生志,六经勤向窗前读"就道出了科举制度的现实影响。读书、科举、及第,是古代读书人实现人生抱负的有效途径,由此催生出与之相关的阅读文化传统。

阅读促进了中华文明在人类文明的灿烂星河里闪烁出独特的光辉、发出异常的光亮。正因如此,中国文化从一开始就注入了强大的阅读基因。

2022年4月23日在北京发布的第十九次全国国民阅读调查结果显示,2021年我国成年国民的综合阅读率为81.6%,人均纸质图书阅读量为4.76本,人均电子书阅读量为3.30本,均较上年有所提高。"听书""视频讲书"等阅读形式为读书提供更多选择。

二、阅读是中华文明传承的基本方式

强国自国民始,国民自教育始,教育自读书始。只有善于学习的民族才能自强于世界。阅读是文明传承的基础。文明的三大要素:一是要有冶炼术,二是要有聚落城邦,三是要有文字,文字是最核心的。中华民族的伟大复兴,首先是传承好我们的文明。如果只有文字,但是没有人阅读,那文明也将黯然失色。

阅读是民族素质提高的基础路径。全民阅读是最重要的文明和文化传承方式。推广全民阅读,我们要弘扬中华民族好学善学的传统,并博采众长、广泛学习各国各民族的优秀文化,包括阅读与学习经验。日本作家斋藤孝在《阅读的力量》中指出,读书不仅是兴趣、爱好、方法,更应该是一种能力。读书的能力可以转化为改变思维、提升交际、个人"进化"的能力。通过阅读,可以传承文明、博古通今;通过阅读,可以思考问题、破解难题;通过阅读,可以提升创造力和文化品位,而这些,都需要从国家战略的高度,向全国范围进行推动才最为高效。只有以读书为基础和基本方式,向中华优秀传统文化和世界各民族孜孜不倦地学习,中华民族才能持续兴旺发展,复兴伟业才能实现。

阅读是人民精神富足的标志。中华民族的复兴是以每个人的素质提高和幸福感、获得感的提升为标志的。我们提出以"阅读为荣""阅读为乐""阅读为用",这些都是提升人民生活幸福感的重要部分。

"全民阅读"连续 10 次写进政府工作报告,从"提倡"到"深入推进",提法的转变标志着中国全民阅读事业进入新阶段。国家之所以重视阅读,正是由于阅读是文明传承与民族复兴的基本工程。

我们国家高度重视阅读对于文化和文明的传承,只有如此才能提高国民素质,最终实现中华民族伟大复兴,也只有如此,我们的民族才能长久地屹立于世界民族之林。

第二节　阅读是国家民族创新发展的发动机

创新是中华民族复兴的最大动力,而读书恰恰是创新的发动机。只有通过阅读才能发现问题和提出问题,找寻解决问题的途径,并通过阅读进行创造,产生创新成果。阅读是整个创新链条中,推动创新的基本载体,所以,阅读是创新之母。

概括地说,阅读为创新提供价值观念,具体地说,阅读为创新提供多方面支撑。

一、阅读是知识创新的"温床"

任何创新都不是凭空的想象，它必须通过在现实中遇到问题，然后在书本上训练自己的思维，激发想象力。

"教育是民族振兴、社会进步的重要基石，是功在当代、利在千秋的德政工程，对提高人民综合素质、促进人的全面发展、增强中华民族创新创造活力、实现中华民族伟大复兴具有决定性意义。"

高质量的阅读服务就是文化育人的体现，在实践服务中实现知识创新目标，高校图书馆义不容辞，阅读文化正是孵化创新的"温床"，因为只有继往，才能开来，才能产生创新。

欧洲的文艺复兴和启蒙运动，在法国大革命、工业革命之前，都是思想发动的过程，它们从文化开始，与宗教改革、科学革命、浪漫主义等融合，促进了西方整体社会的进步，特别是科学技术的进步。文艺复兴和启蒙运动创造了那个时代的价值观，带来了一个创新的时代。这个创新的时代，是通过欧洲印刷业的发展、民众阅读学习能力的提高、教育的发展，以及知识迅速向大众传播和普及作为基础来实现的，而这些，无一不与阅读有关。

二、阅读的过程是灵感飞跃的源泉

从某种意义上来讲，阅读的过程就是人们产生灵感的过程，也是奇思妙想的过程，同样也是人们在创新中寻找答案的过程，所以阅读是创新的一个重要基础。

能进一步锤炼人们革故鼎新的创新精神、孜孜以求的学习精神。中国传统文化从不缺乏创新的心理定势和传统，从传统儒学到两汉经学，再到宋明理学，儒释道三教合一，中国文化兼容并包，多元一体，具有优异的价值整合能力，处处体现着中华文明的"维新"意识。创新的成果转换和不断的可持续，需要通过阅读去推动。

今天产生的创新成果也是后人阅读和创新的基础，即阅读产生创新，创新的成果被再阅读，推动再创新，形成"阅读—创新—再阅读—再创新"的螺旋上升路径，形成无穷无尽的创新链条。没有持续创新，就没有持续发展，而这一切都离不开阅读为之注入源头活水。

三、阅读大环境提升民族思考能力

全民族的阅读环境，是全民族思考能力和价值曲线的体现，当全社会都有这样的阅读环境的时候，创新的成果将更容易产生，这就是文化软环境的力量。这种环境包括商业环境、法治环境，以及通过阅读营造的文化氛围。

建设一流大学，关键是要不断提高人才培养质量。要想国家之所想、应国家之所需，抓住全面提高人才培养能力这个重点，坚持把立德树人作为根本任务，着力培养担当民族复兴大任的时代新人。

今天，中国正在走向复兴的关键点上，提倡阅读就有了更加迫切和重要的意义。未来，我们必须一直锲而不舍，必须上下一心，把全民阅读持续推动、开展下去。

第三节 阅读服务的意义

阅读服务看起来是最平常、最普通的事情，也是每个人都可以做的事情，高校图书馆只有构筑全力打造美好阅读服务的价值观念、生活方式和进步阶梯，才能有力地推动人们精神上丰富，并充实人们的阅读生活，提升生活的幸福与美满程度。阅读服务，包含了图书馆与读者之间的所有服务，是用于开展有益人们"阅读"幸福体验的独特服务。

一、阅读的意义

首先，阅读可以提高个人的思维能力。阅读需要我们不断思考、分析和推理，这有助于提高我们的逻辑思维能力和创造力。其次，阅读可以提高个人的语言能力。阅读可以帮助我们学习新的词汇和语法结构,提高我们的语言表达能力和文学素养。再次,阅读还可以培养个人的情感和品德。通过阅读,我们可以了解人性和社会,体验不同的情感和生活经历,从而培养自己的情感和品德。

二、开展全民阅读服务的意义

开展全民阅读服务有利于提高我国的综合国力,能够增强全民族的文化素质,能够为建设和谐社会、实现中华民族的复兴提供强大的精神动力、智力支持和思想保证;开展全民阅读服务有利于促进社会发展,有利于加强社会主义思想道德建设,建设社会主义文化强国。

三、全民阅读服务是提升精神力量的源泉

文化作为一种精神力量,对社会发展产生深刻影响。建设书香社会有利于增强中华民族的文化自信和创造能力,提高国家文化软实力。文化与经济、政治相互影响,相互交融。建设书香社会是促进经济转型升级、创新驱动发展的重大举措,有利于社会的和谐稳定。同时优秀文化丰富人的精神世界,增强人精神力量,促进人的全面发展。建设浓郁的书香社会,有利于提升全民族的思想道德和科学文化修养,培育和践行社会主义核心价值观。

附录1
高校图书馆指导大学生必读书目100本

（教育部高等教育司指定）

1. 《语言问题》赵元任著，商务印书馆，1980年出版。

2. 《语言与文化》罗常培著，语文出版社，1989年出版。

3. 《汉语语法分析问题》吕叔湘著，商务印书馆，1979年出版。

4. 《修辞学发凡》陈望道著，上海教育出版社，1979年出版。

5. 《汉语方言概要》袁家骅等著，文字改革出版社，1983年出版。

6. 《马氏文通》马建忠著，商务印书馆，1983年出版。

7. 《汉语音韵》王力著，中华书局，1980年出版。

8. 《训诂简论》陆宗达著，北京出版社，1980年出版。

9. 《中国语言学史》王力著，山西人民出版社，1981年出版。

10. 《中国文字学》唐兰著，上海古籍出版社，1979年出版。

11. 《中国历代语言学论文选注》吴文祺、张世禄主编，上海教育出版社，1986年出版。

12. 《普通语言学教程》（瑞士）索绪尔著，高名凯译，岑麒祥、叶蜚声校注，商务印书馆，1982年出版。

13. 《语言论》高名凯著，商务印书馆，1995年出版。

14. 《西方语言学名著选读》胡明扬主编，中国人民大学出版社，1988年出版。

15.《应用语言学》刘涌泉、乔毅编者，上海外语教育出版社，1991年出版。

16.《马克思恩格斯论文学与艺术》陆梅林辑注，人民文学出版社，1982年出版。

17.《在延安文艺座谈会上的讲话》毛泽东著，见《毛泽东选集》第3卷，人民出版社，1991年出版。

18.《邓小平论文艺》中共中央宣传部文艺局编，人民文学出版社，1989年出版。

19.《中国历代文论选》郭绍虞主编，上海古籍出版社，1979年出版。

20.《文心雕龙选译》刘勰著，周振甫译注，中华书局，1980年出版。

21.《诗学》亚里斯多德著，罗念生译，人民文学出版社，1982年出版。

22.《西方文艺理论史精读文献》章安祺编，中国人民大学出版社，1996年出版。

23.《20世纪西方美学名著选》蒋孔阳主编，复旦大学出版社，1987年出版。

24.《西方美学史》朱光潜著，人民文学出版社，1979年出版。

25.《文学理论》（美国）韦勒克、沃伦著，刘象愚等译，三联书店，1984年出版。

26.《比较文学与文学理论》（美国）韦斯坦因著，刘象愚译，辽宁人民出版社，1987年出版。

27.《诗经选》余冠英选注，人民文学出版社，1956年出版。

28.《楚辞选》马茂元选注，人民文学出版社，1980年出版。

29.《论语译注》杨伯峻译注，中华书局，1980年出版。

30.《孟子译注》杨伯峻译注，中华书局，1960年出版。

31.《庄子今注今译》陈鼓应译注，中华书局，1983年出版。

32.《乐府诗选》余冠英选，人民文学出版社，1957年出版。

33.《史记选》王伯祥选，人民文学出版社，1957年出版。

34.《陶渊明集》逯钦立校注，中华书局，1979年出版。

35.《李白诗选》复旦大学中文系古典文学教研组选注，人民文学出版社，1977年出版。

36.《杜甫诗选》萧涤非选注，人民文学出版社，1985年出版。

37.《李商隐选集》周振甫选注，上海古籍出版社，1986年出版。

38.《唐宋八大家文选》牛宝彤选，甘肃人民出版社，1986年出版。

39.《唐人小说》汪辟疆校录，上海古籍出版社，1978年出版。

40.《唐诗选》中国社会科学院文学所编，人民文学出版社，1978年出版。

41.《唐宋词选》中国社会科学院文学所编，人民文学出版社，1982年出版。

42.《宋诗选注》钱钟书选注，人民文学出版社，1989年出版。

43.《苏轼选集》王水照选注，上海古籍出版社，1984年出版。

44.《元人杂剧选》顾肇仓选注，人民文学出版社，1962年出版。

45.《辛弃疾词选》朱德才选注，人民文学出版社，1988年出版。

46.《西厢记》王实甫著，王季思校注，人民文学出版社，1978年出版。

47.《三国演义》罗贯中著，人民文学出版社，1957年出版。

48.《水浒传》施耐庵著，人民文学出版社，1975年出版。

49.《西游记》吴承恩著，人民文学出版社，1955年出版。

50.《今古奇观》抱瓮老人编，人民文学出版社，1979年出版。

51.《牡丹亭》汤显祖著，人民文学出版社，1982年出版。

52.《聊斋志异选》张友鹤选注，人民文学出版社，1978年出版。

53.《儒林外史》吴敬梓著，人民文学出版社，1977年出版。

54.《红楼梦》曹雪芹、高鹗著，人民文学出版社，1982年出版。

55.《长生殿》洪昇著，人民文学出版社，1983年出版。

56.《桃花扇》孔尚任著，人民文学出版社，1958年出版。

57.《老残游记》刘鹗著，人民文学出版社，1959年出版。

58.《鲁迅小说集》鲁迅著,人民文学出版社,1979 年出版。

59.《野草》鲁迅著,人民文学出版社,1979 年出版。

60.《女神》郭沫若著,人民文学出版社,1978 年重印版。

61.《郁达夫小说集》郁达夫著,浙江人民出版社,1982 年出版。

62.《新月诗选》陈梦家编,上海书店出版社,1981 年出版。

63.《子夜》茅盾著,人民文学出版社,1994 年出版。

64.《家》巴金著,人民文学出版社,1979 年出版。

65.《沈从文小说选集》沈从文著,人民文学出版社,1982 年出版。

66.《骆驼祥子》老舍著,人民文学出版社,1999 年出版。

67.《曹禺选集》曹禺著,人民文学出版社,1978 年出版。

68.《艾青诗选》艾青著,人民文学出版社,1988 年出版。

69.《围城》钱钟书著,人民文学出版社,1980 年出版。

70.《赵树理选集》赵树理著,人民文学出版社,1958 年出版。

71.《现代派诗选》蓝棣之编选,人民文学出版社,1986 年出版。

72.《创业史》(第一部)柳青著,中国青年出版社,1960 年出版。

73.《茶馆》老舍著,人民文学出版社,1994 年出版。

74.《王蒙代表作》张学正编,黄河文艺出版社,1990 年出版。

75.《白鹿原》陈忠实著,人民文学出版社,1993 年出版。

76.《余光中精品文集》余光中著,安徽人民出版社,1999 年出版。

77.《台湾小说选》,《台湾小说选》编辑委员会选编,人民文学出版社,1983 年出版。

78.《中国当代文学作品选》王庆生主编,华中师范大学出版社,1997 年出版。

79.《希腊的神话和传说》(德国)斯威布著,楚图南译,人民文学出版社,1977 年出版。

80.《俄狄浦斯王》(《索福克勒斯悲剧二种》)罗念生译,人民文学出版社,1961 年出版。

81.《神曲》（意大利）但丁著，王维克译，人民文学出版社，1980年出版。

82.《哈姆莱特》（《莎士比亚悲剧四》）（英国）莎士比亚著，卞之琳译，人民出版社，1988年出版。

83.《伪君子》（法国）莫里哀著，李健吾译，上海译文出版社，1980年出版。

84.《浮士德》（德国）歌德著，董问樵译，复旦大学出版社，1982年出版。

85.《悲惨世界》（法国）雨果著，李丹、方于译，人民文学出版社，1978—1983年出版。

86.《红与黑》（法国）司汤达著，郝运译，上海译文出版社，1986年出版。

87.《高老头》（法国）巴尔扎克著，傅雷译，人民文学出版社，1954年出版。

88.《双城记》（英国）狄更斯著，石永礼译，人民文学出版社，1993年出版。

89.《德伯家的苔丝》（英国）哈代著，张谷若译，人民文学出版社，1957年出版。

90.《卡拉马佐夫兄弟》（俄国）陀思妥耶夫斯基著，耿济之译，人民文学出版社，1981年出版。

91.《安娜·卡列尼娜》（俄国）托尔斯泰著，周扬、谢索台译，人民文学出版社，1978年出版。

92.《母亲》（俄国）高尔基著，瞿秋白等译，人民文学出版社，1980年出版。

93.《百年孤独》（哥伦比亚）加西亚·马尔克斯著，黄锦炎等译，上海译文出版社，1984年出版。

94.《喧哗与骚动》（美国）福克纳著，李文俊译，上海译文出版社，1984

年出版。

95.《等待戈多》(法国)萨缪埃尔·贝克特著,外国文学出版社,1998年出版。

96.《沙恭达罗》(印度)迦梨陀娑著,季羡林译,人民文学出版社,1981年出版。

97.《泰戈尔诗选》(印度)泰戈尔著,冰心译,湖南人民出版社,1981年出版。

98.《雪国》(日本)川端康成著,高慧勤译,漓江出版社,1985年出版。

99.《一千零一夜》纳训译,人民文学出版社,1957年出版。

100.《外国文学作品选》(两卷本)郑克鲁编,复旦大学出版社,2008年出版。

附录2

哈佛通识课：
改变你和世界的100本书[1]

1.《八十天环游地球》：科技至上和殖民主义的迷梦。作者：（法国）儒勒·凡尔纳。

2.《伊利亚特》：战争的史诗。作者：（古希腊）荷马。

3.《大学》：中华文化中迷人的思想特质。作者：（中国宋朝）朱熹。

4.《文明及其缺憾》：人类反文明的天性。作者：（奥地利）西格蒙德·弗洛伊德。

5.《武士道：日本之魂》：武士道精神是浪漫想象吗？作者：（日本）新渡户稻造。

6.《未来主义宣言》：向一切旧传统宣战。作者：（意大利）菲利波·托马索·马利内特。

7.《就业、利息和货币通论》：经济危机时代的救市宝典。作者：（英国）约翰·梅纳德·凯恩斯。

8.《审美教育书简》：反驳理性，救赎理性。作者：（德国）弗里德里希·席勒。

9.《黑麋鹿如是说》：印第安人的圣经。作者：（美国）尼古拉斯·黑

---

[1] 喜马拉雅有声阅读平台于2019年11月推出，大学师生读者可阅读学习使用。

麋鹿。

10.《草叶集》：美国文学史上第一部具有美国民族气派和民族风格的诗集。作者：（美国）沃尔特·惠特曼。

11.《论两个萨尔玛提亚》：文艺复兴时期的地域歧视。作者：（波兰）马切伊·梅霍维塔。

12.《红楼梦》：红楼一梦，盛世悲歌，作者：（中国清朝）曹雪芹、高鹗。

13.《诺里奇的威廉的生平与受难》：一个引发了犹太人九百年被迫害史的谣言。作者：（英国）托马斯。

14.《台维和他的女儿们》：无处安放的传统。作者：（俄国）肖洛姆·阿莱汉姆。

15.《百科全书》：把整个世界讲给你听。作者：（法国）狄德罗等。

16.《科学革命的结构》："倒转乾坤"看世界。作者：（美国）托马斯·塞缪尔·库恩。

17.《舆论》：谁是国家的掌舵手——技术精英还是普罗大众？作者：（美国）沃尔特·李普曼。

18.《第一本新编年体史与善政》：印加帝国的兴起与覆灭。作者：（秘鲁）瓜曼·波马。

19.《活出生命的意义》：牧师之下，医师之上，一个奥斯威辛幸存者的存在主义救赎之路。作者：（奥地利）维克多·弗兰克尔。

20.《黑人的灵魂》：揭开黑人世界的面纱。作者：（美国）威艾·伯·杜波伊斯。

21.《弗雷德里克·道格拉斯：生而为奴》：生而为奴，死而为士，弗雷德里克·道格拉斯与美国废奴运动。作者：（美国）弗雷德里克·道格拉斯。

22.《南非的班图先知》：学为术用，一部改变了南非当代史的学术著作。作者：（瑞典）本特·桑科勒。

23.《纯粹理性批判》：认识世界的第三条路。作者：（德国）伊曼努尔·

康德。

24.《他们眼望上苍》：超越种族，回归个体。作者：（美国）佐拉·尼尔·赫斯顿。

25.《恐惧与颤栗》：信仰与伦理之争。作者：（丹麦）索伦·奥贝·克尔凯郭尔。

26.《智慧七柱》：阿拉伯的劳伦斯。（英国）托马斯·爱德华·劳伦斯。

27.《摩尔门经》：一个现代神圣文本的诞生。作者：（美国）约瑟·斯密。

28.《白鲸》：驶向未知之旅。作者：（美国）赫尔曼·梅尔维尔。

29.《法国革命论》：传统的存续与变革。作者：（英国）埃德蒙·柏克。

30.《战争与和平》：战争可以受到规制吗？作者：（俄国）列夫·尼古拉耶维奇·托尔斯泰。

31.《申辩篇》：为哲学而辩。作者：（古希腊）柏拉图。

32.《理想国》：一场注定失败的思想实验。作者：（古希腊）柏拉图。

33.《星云世界》：宇宙茫茫，地球何在？作者：（美国）爱德文·哈勃。

34.《十日谈》：瘟疫时期的文学聚会。作者：（意大利）乔万尼·薄伽丘。

35.《世界人权宣言》：为了普世的个人权利，是第一个有关人权问题的国际文件。

36.《虚构集》：博尔赫斯笔下的真实与杜撰。作者：（阿根廷）豪尔赫·路易斯·博尔赫斯。

37.《悲惨世界》：黑暗中的救赎之道。作者：（法国）维克多·雨果。

38.《人性论》：探索人类认知的边界。作者：（英国）大卫·休谟。

39.《了不起的盖茨比》：一场繁华一场梦。作者：（美国）弗朗西斯·斯科特·基·菲茨杰拉德。

40.《鲁滨逊漂流记》：孤岛上的自然人。作者：（英国）丹尼尔·笛福。

41.《相对论》：哲学家爱因斯坦。作者：（美国）阿尔伯特·爱因斯坦。

42.《共产党宣言》：突破意识形态的迷障。作者：（德国）卡尔·马克思，弗里德里希·恩格斯。

43.《浮士德》：一则关于现代性的寓言。作者：（德国）约翰·沃尔夫冈·冯·歌德。

44.《物种起源》：历史主义的生命观。作者：（英国）查尔斯·罗伯特·达尔文。

45.《修辞奥秘》：阿拉伯世界的《文心雕龙》。作者：（古伊斯兰）阿卜杜·卡希尔·朱尔吉尼。

46.《玩偶之家》：从英雄主义到现实主义的转向。作者：（挪威）易卜生。

47.《常识》：划破黑暗的火光。作者：（美国）托马斯·潘恩。

48.《广岛》：识字的人都该读的书。作者：（美国）约翰·赫西。

49.《弗兰肯斯坦》：现代普罗米修斯的"罪与罚"。作者：（美国）玛丽·雪莱。

50.《利维坦》：社会契约论的奠基之作。作者：（英国）托马斯·霍布斯。

51.《战争论》：现代军事理论的奠基之作。作者：（德国）卡尔·冯·克劳塞维茨。

52.《源氏物语》：王朝女性的生存之道。作者：（日本）紫式部。

53.《极权主义的起源》：一段永不会逝去的历史。作者：（德国）汉娜·阿伦特。

54.《君主论》：对道德的另一种想象。作者：（意大利）尼可罗·马基雅维利。

55.《自助》：为了更好地自我。作者：（英国）塞缪尔·斯迈尔斯。

56.《道德形而上学》：谁为正邪分界？作者：（德国）伊曼努尔·康德。

57.《黑暗的心》：普遍的真理，还是殖民主义的压迫？作者：（英国）约瑟夫·康拉德。

58.《卡拉马佐夫兄弟》：面对不堪的过去。作者：（俄国）陀思妥耶夫斯基。

59.《汤姆叔叔的小屋》：从经典形象到刻板印象。作者：（美国）哈里特·比彻·斯托（斯托夫人）。

60.《国富论》：经济学的奠基之作。作者：（英国）亚当·斯密。

61.《布拉斯·库巴斯死后的回忆录》：异想天开的巴西文学。作者：（巴西）马沙多·德·阿西斯。

62.《论友谊》：西方古典文化中的友情观。作者：（古罗马）马尔库斯·图利乌斯·西塞罗。

63.《魔山》：在哲理与惶惑之间挣扎。作者：（德国）托马斯·曼。

64.《社会契约论》：我们的自由从何而来。作者：（法国）让-雅克·卢梭。

65.《第二性》：女性主义的两面性。作者：（法国）西蒙娜·波伏娃。

66.《失乐园》：史诗的传承与超越。作者：（英国）约翰·弥尔顿。

67.《伯罗奔尼撒战争史》：科学记述历史的开始。作者：（古希腊）修昔底德。

68.《忏悔录》：人类的不安与自由。作者：（古罗马）奥古斯丁。

69.《格林童话》：从成人文学到儿童文学。作者（德国）雅各布·格林和威廉·格林兄弟。

70.《东方学》：未完待续的后殖民思考。作者：（美国）爱德华·W.萨义德。

71.《宠儿》：追溯种族歧视的起源。作者：（美国）托妮·莫里森。

72.《审判》：法律与无秩序。作者：（奥地利）弗兰兹·卡夫卡。

73.《美国宪法》：宪政主义如何在美国落地生根。

74.《法哲学原理》：难读的黑格尔和他的三种自由。作者：（德国）黑格尔。

75.《关于殖民地的话语》：以文明之名，行野蛮之事。作者：（法国）艾梅·塞泽尔。

76.《时间机器》：想象未来。作者：（英国）赫伯特·乔治·威尔斯。

77.《哲学的慰藉》：如何以哲学面对命运的起伏？作者：（古罗马）波爱修斯。

78.《象征之林》：仪式与意义。作者：（英国）维克多·特纳。

79.《性学三论》：我们都是"小变态"。作者：（奥地利）弗洛伊德。

80.《恋爱中的奥兰多》：骑士精神与文艺复兴。作者：（意大利）马迪奥·玛利亚·博亚尔多。

81.《规训与惩罚》：从监狱到看不见的权力运作。作者：（法国）米歇尔·福柯。

82.《摩柯婆罗多》：被诅咒的暗黑史诗。作者：（印度）毗耶娑。

83.《忏悔录》：追求最真实的自我。作者：（法国）让-雅克·卢梭。

84.《米德尔马契》：第一部为成年人写的英文小说。作者：（英国）乔治·艾略特。

85.《1984》：如何摆脱"反乌托邦"的阴影？作者：（英国）乔治·奥威尔。

86.《全世界受苦的人》：跳出被殖民思维。作者：（法国）弗朗兹·法农。

87.《神曲》：由地狱到天堂的奇幻之旅。作者：（意大利）但丁·阿利吉耶里。

88.《正义论》：正义即公平。作者：（美国）约翰·罗尔斯。

89.《简·爱》：女性能拥有男性所拥有的一切吗？作者：（英国）夏洛蒂·勃朗特。

90.《下一次将是烈火》：种族与宗教。作者：（美国）詹姆斯·鲍德温。

91.《一千零一夜》：周游世界的故事，是由阿拉伯及其附近地区的各国人民集体创作而成的民间故事集。

92.《创世纪》：无解的天问。

93.《达洛维夫人》：伍尔芙与现代主义的文学实验。作者：（英国）弗吉尼亚·伍尔芙。

94.《尤利西斯》：日常的反英雄史诗。作者：（英国）詹姆斯·乔伊斯。

95.《老实人》：诚实地面对变幻无常的生活。作者：（法国）伏尔泰。

96.《现代的正当性》"上帝死后怎样"：文明的世俗化。作者：（德国）汉斯·布鲁门伯格。

97.《百年孤独》：游走在怀旧与批判之间。作者：（哥伦比亚）加西亚·马尔克斯。

98.《追忆似水年华》：小说是对逝去的时间的救赎。作者：（法国）马塞尔·普鲁斯特。

99.《唐·吉诃德》：人生如小说，小说如人生。作者：（西班牙）塞万提斯·萨维德拉。

100.《哈姆雷特》：世界的王子。作者：（英国）威廉·莎士比亚。

参 考 文 献

[1] 丘东江. 图书馆学情报学大辞典 [M]. 北京：海洋出版社，2013.

[2] 图书馆·情报与文献学名词审定委员会. 图书馆·情报与文献学名词 [M]. 北京：科学出版社，2019.

[3] 彼得·门德尔桑德. 当我们阅读时我们看到了什么 [M]. 应宁，译. 北京：北京联合出版公司，2015.

[4] 陈幼华. 高校图书馆阅读服务理论和方法 [M]. 北京：朝华出版社，2020.

[5] 艾尔·巴比. 社会科学研究方法 [M]. 11版. 邱泽奇，译. 北京：华夏出版社，2009.

[6] 史蒂文·罗杰·费希尔. 阅读的历史 [M]. 李瑞林，贺莺，杨晓华，译. 北京：商务印书馆，2009.

[7] 王波. 王波谈高校图书馆阅读服务的发展方向 [J]. 晋图学刊，2019（4）：1-12.

[8] 陈娟. 剑桥大学出版社开放获取出版及转换案例研究与启示 [J]. 大学图书馆学报，2023，41（1）：61-69.

[9] 姜珊. 大数据背景下图书馆数字阅读服务策略研究 [J]. 文化产业，2023（2）：79-81.

[10] 杨格格，朱荀，徐双培. 数据素养视角下高校图书馆阅读服务策略研究 [J]. 图书馆，2023（1）：82-87.

[11] 杨永琴，欧卫红. 数字背景下图书馆智慧化转型的价值研究 [J]. 河北开放大学学报，2022，27（6）：87-90.

[12] 谭宜敏. 5G时代公共图书馆阅读服务策略研究探寻 [J]. 文化创新比较研究，2022，6（36）：105-109.

[13] 郭晨虹. 文旅融合背景下县域图书馆开展阅读服务的研究——以福清市为例 [J]. 情报探索，2022（12）：119-121.

[14] 张丹，马卓，王爽，等. 沉浸式融合视域下红色文献阅读服务策略研究——基于主题资源馆的应用 [J]. 图书馆学刊，2022，44（11）：1-7.

[15] 许凡. 数字化转型期独立学院读者借阅行为和阅读偏好研究——以南京师范大学中北学院图书馆为例 [J]. 图书馆学刊，2022，44（11）：70-76.

[16] 闫文龙. 高校出版社与图书馆协同发展探析 [J]. 中国报业，2022（22）：56-57.

[17] 葛敏，张琳. 数字乡村背景下农村阅读的影响因素研究与融合共建 [J]. 黑河学刊，2022（6）：110-115.

[18] 刘晓凤，吴有艳，王灵. 数字信息环境下的图书馆情报服务转型研究 [J]. 中国信息化，2022（11）：113-114，108.

[19] 段光鹏. 元宇宙转向：数字时代权力监督模式的创新 [J]. 求实，2023（1）：15-25，109.

[20] 褚智慧. 文旅融合背景下公共图书馆的创新发展研究 [J]. 文化产业, 2022（32）: 116-118.

[21] 刘海明, 付莎莎. 在线的隔离: 元宇宙空间的交互距离与伦理问题 [J]. 中州学刊, 2023（2）: 168-175.

[22] 周立洁, 柳士彬, 李嫣然. 学习元宇宙赋能成人教与学范式转型: 目标、场域与应用路径 [J]. 远程教育杂志, 2023, 41（1）: 72-79.

[23] 罗有成. 元宇宙的应用困境及其法律规制 [J]. 北京航空航天大学学报（社会科学版）, 2023（1）: 1-13.

[24] 薛少华, 王宇轩. 从神经罗塞塔到数字巴别塔——元宇宙的终极入口在哪里? [J]. 自然辩证法通讯, 2023, 45（2）: 37-44.

[25] 翟振明. 元宇宙的哲学预设 [J]. 自然辩证法通讯, 2023, 45（2）: 1-8.

[26] 陈晓平. 元宇宙的哲学基础及其伦理问题——兼与翟振明教授商榷 [J]. 自然辩证法通讯, 2023, 45（2）: 9-18.

[27] 刘军平. 元宇宙翻译范式: 跨文化传播的可能世界 [J]. 新闻与传播评论, 2023, 76（1）: 16-29.

[28] 王春辉. 数字时代语言伦理的新形态和新表现 [J]. 社会科学战线, 2022（12）: 152-159.

[29] 胡凡刚, 王绪强. 元宇宙赋能教育虚拟社区的伦理审视 [J]. 现代教育技术, 2022, 32（11）: 5-14.

[30] 赵星植. 元宇宙: 作为符号传播的元媒介 [J]. 当代传播, 2022（5）: 36-39, 66.

[31] 许莹琪, 董晨宇. 想象元宇宙: 新兴技术的意义制造及其媒介逻辑 [J]. 新闻与写作, 2022, （11）: 81-91.

[32] 王文玉. 元宇宙的主要特征、社会风险与治理方案 [J]. 科学学研究, 2023, 41（9）: 1537-1544.

[33] 张柏林. 元宇宙赋能文旅产业的理论基础、实践前景与发展策略 [J]. 河南社会科学, 2022, 30（11）: 116-124.

[34] 周鑫, 王海英, 柯平, 等. 国内外元宇宙研究综述 [J]. 现代情报, 2022, 42（12）: 147-159.

[35] 曹克亮. 元宇宙: 新数字劳动中的生活世界"殖民化"及其伦理审视 [J]. 江汉论坛, 2022（10）: 46-52.

[36] 王争录, 张博. 元宇宙赋能信息素养教育: 高质量信息素养教育实践 [J]. 图书馆, 2022（10）: 51-56.

[37] 吕健, 孙霄兵. 教育元宇宙功能探析——基于补偿机制与内容生产 [J]. 学术探索, 2022（10）: 151-156.

[38] 曾毅, 包傲日格乐. 从虚拟现实到"元宇宙": 伦理风险与虚实共治 [J]. 哲学动态, 2022（9）: 43-48, 127.

[39] 唐林垚. "元宇宙"的规制理论构建及中国方案 [J]. 上海大学学报（社会科学版），2022，39（5）：88-102.

[40] 翁杨，杨大学. 媒介元宇宙中的虚拟新闻主播：身份定义与话语功能 [J]. 出版广角，2022（17）：87-90.

[41] 刘琴. 生死叠合：离场记忆的情感仿真、拟化同在与数字永生 [J]. 现代传播（中国传媒大学学报），2022，44（9）：33-42.

[42] 喻国明，陈雪娇. 元宇宙视域下传播行为的路径模型与拓展机理 [J]. 新疆师范大学学报（哲学社会科学版），2022，43（6）：135-145.

[43] 赵光辉. 元宇宙交通运输下的出行安全挑战与治理 [J]. 当代经济管理，2022，44（11）：31-38.

[44] 董扣艳. 元宇宙：技术乌托邦与数字化未来——基于技术哲学的分析 [J]. 浙江社会科学，2022（8）：113-120，160.

[45] 余越凡，周晓云，杨现民. 基于元宇宙的线上线下融合（OMO）学习空间构建与教学模式设计 [J]. 远程教育杂志，2022，40（4）：14-22.

[46] 杨磊，朱德全. 教育元宇宙：未来教育的乌托邦想象与技术伦理反思 [J]. 云南师范大学学报（哲学社会科学版），2022，54（4）：73-83.

[47] 王建颖，张红. 元宇宙：未来教育的生发奇点与现实挑战 [J]. 内蒙古社会科学，2022，43（4）：193-200.

[48] 关乐宁. 元宇宙新型消费的价值意蕴、创新路径与治理框架 [J]. 电子政务，2022（7）：30-41.

[49] 张惠，胡钦晓. 元宇宙赋能在线教育的理性审视 [J]. 江苏高教，2022（7）：30-36.

[50] 孙会岩. 元宇宙政党政治：议题、风险与治理 [J]. 深圳大学学报（人文社会科学版），2022，39（4）：96-105.

[51] 张磊. 元宇宙图书馆：理论研究、服务场景与发展思考 [J]. 图书馆学研究，2022（6）：9-17.

[52] 赵森，易红郡. 教育元宇宙：当前焦点、潜在主题与未来方向 [J]. 教育学术月刊，2022（6）：3-11，18.

[53] 吴江，陈浩东，贺超城. 元宇宙：智慧图书馆的数实融合空间 [J]. 中国图书馆学报，2022，48（6）：16-26.

[54] 汪晓芸，许鑫. 与时偕行：元宇宙的当下热点主题与未来关注领域 [J]. 图书馆论坛，2023，43（2）：89-97.

[55] 蔡恒进，汪恺，蔡天琪. 元宇宙中的治理难题 [J]. 新疆师范大学学报（哲学社会科学版），2022，43（5）：101-111，2.

[56] 邓智团. 元宇宙与城市发展：逻辑阐释与规划应对 [J]. 城市规划学刊，2022（3）：44-49.

[57] 焦宝. 人即媒介：智能传播时代的人类传播革命 [J]. 当代传播，2022（3）：40-42，55.

[58] 郑达威，施宇. 从"人禽之辨"到"人机之辨"：元宇宙的传播伦理学研究 [J]. 中州学刊，2022（5）：161-166.

[59] 李冰雁. 从"赛博格身体"到"元宇宙"：科幻电影的后人类视角 [J]. 广州大学学报（社会科学版），2022，21（3）：119-127.

[60] 王建红. "元宇宙"现象的历史唯物主义探析 [J]. 江淮论坛，2022（2）：152-157，193.

[61] 屠毅力，张蕾，翟振明，等. 认识元宇宙：文化、社会与人类的未来 [J]. 探索与争鸣，2022（4）：65-94，178.

[62] 曹刚. 元宇宙、元伦理与元道德 [J]. 探索与争鸣，2022（4）：83-85.

[63] 鄂鹤年，田磊. 新环境下高校图书馆的坚守和变革 [J]. 图书情报知识，2021，38（4）：62-71.

[64] 王韫梅. 高校院系资料室阅读推广活动运行机制研究 [M]. 北京：化学工业出版社，2022.

[65] 陈进. 高校图书馆阅读推广案例精编 [M]. 北京：海洋出版社，2017.

[66] 刘时蓉. 且为繁华寄书香——高校图书馆阅读推广理论与实务 [M]. 北京：新华出版社，2018.

[67] 孔瑞林. 高校图书馆阅读推广研究 [M]. 济南：山东教育出版社，2019.

[68] 朱原谅. 高校经典阅读推广理论与实践 [M]. 芜湖：安徽师范大学出版社，2020.

[69] 刘洋. 高校图书馆阅读推广研究 [M]. 北京：中国华侨出版社，2021.

[70] 李明. 高校馆阅读推广研究 [M]. 北京：朝华出版社，2022.

[71] 姚晓霞，高冰洁. 高校图书馆数字化转型的探索与愿景 [J]. 中国图书馆学报，2022，48（2）：13-24.

[72] 李华伟. 美国图书馆自动化五十年主要里程碑 [J]. 高校图书馆工作，2010（1）：3-7.

[73] 曾建勋. 从国际案例看高端交流平台建设模式 [R]. 第二届NSTL科技文献信息开放服务云论坛暨开放学术研讨会，2021.

[74] Vial G. Understanding digital transformation: a review and a research agenda [J]. The Journal of Strategic Information Systems，2019（2）：118-144.

[75] 吴建中. 数字化转型——大学图书馆下一步发展的重心 [J]. 图书馆理论与实践，2019（8）：13-17.

[76] 何秀全，欧阳剑，张鹏. 新时期的高校图书馆数字化转型策略研究 [J]. 图书馆杂志，2021（11）：117-124.

[77] 陈建龙. 教育部高校图工委的坚守与担当 [J]. 大学图书馆学报，2022（1）：11-21.

[78] 陈建龙. CALIS的"十四五"规划：问题、方针和任务 [J]. 数字图书馆论坛，2021（5）：8-11.

[79] Deja M，Rak D，Bell B. Digital transformation readiness: perspectives on academia and library

outcomes in information literacy [J]. The Journal of Academic Librarianship, 2021（5）： 1-15.

[80] 赵毅衡．符号学原理与推演 [M]．南京：南京大学出版社， 2011．

[81] 杨新涯，尹伟宏，王莹．论大学图书馆阅读推广的转型 [J]．图书情报工作， 2020，64（17）：58-63．

[82] 周文博，于良芝．LTS的社会实践及其理论遗产——从社区图书馆到社群信息学的理论视角回顾 [J]．中国图书馆学报， 2020（5）： 22-33．

[83] 朱贻庭．伦理学大辞典 [M]．上海：上海辞书出版社， 2011．

[84] 何凯，姚宗秀．我们离阅读幸福有多远？——中国人阅读幸福指数调查 [J]．出版广角， 2012，（12）： 8-10．

[85] （法）帕斯卡尔．思想录 [M]．何兆武，译．北京：商务印书馆， 1985．

[86] 张立频．从快乐阅读中领悟幸福的真谛 [J]．语文建设， 2014（2）： 26-27．

[87] 王波．阅读推广、图书馆阅读推广的定义——兼论如何认识和学习图书馆时尚阅读推广案例 [J]．图书馆论坛， 2015，35（10）： 1-7．

[88] 王波．阅读疗法 [M]．北京：海洋出版社， 2007．

[89] 王波．我为什么研究阅读疗法——《阅读疗法》跋 [J]．图书与情报， 2007（3）： 132-134．

[90] 张鑫．基于个案研究的高校阅读疗法信息流构建分析 [J]．高校图书馆工作， 2018，38（5）： 86-89．

[91] 张鑫，惠涓澈．高校阅读危机干预中的图书馆员专业能力实现路径 [J]．图书馆工作与研究， 2019（4）： 96-101．

[92] 王韫梅．幸福伦理视野下的高校读者症候群的原因初探 [J]．科学与财富， 2019（3）： 93-94，110．

[93] 石宝芳．图书情报学的一个新领域——图书馆符号学 [J]．图书馆学研究， 1988（2）．

[94] 黄运红，朱婧雅，于静，等．基于文化符号体系的"激发—推动型"双主体互动模式探究——以传统文化阅读服务为案例 [J]．大学图书馆学， 2023（2）： 87-94．

[95] 王浩．文化权利的实现与图书馆文化建设 [J]．四川图书馆学报， 2010（1）： 12．

[96] 陈慧杰，夏云，张甲，等．关于大学图书馆新信息技术应用及自动化系统发展的设想和建议（续） [J]．大学图书馆学报， 1998（1）： 2-5．

后记

阅读是美轮美奂的。从低层次来说，阅读给所有文字赋予声音；从阅读本身来说，阅读关乎人体视觉、听觉、触觉等感官的认知和文字所表达的意义；从更高一级的层面来说，阅读所能传达的唯有意义，用最宽泛的现代技术定义，阅读当指理解信息传达、书写符号或印刷符号的感受能力。读者使用信息符号引导自己激活大脑记忆中的信息，然后运用被激活的记忆信息构建对作者所传达有效信息的合理解释。然而阅读不仅于此，特别是我国高校图书馆阅读服务，阅读起着举足轻重的作用。随着未来元宇宙时代的到来，阅读服务定将被赋予全新的意义。

新质生产力的提出，为高校图书馆阅读服务研究开拓了新的思路，围绕人工智能革命，厘清了一条围绕创新而发展的高校图书馆阅读服务工作路径，通过阅读服务创新能够更好地建设学习型社会。学习型社会应具备阅读文化，高校图书馆是学习型社会的重要场景。"图书馆是国家文化发展水平的重要标志，是滋养民族心灵、培育文化自信的重要场所。"新时代的高校图书馆要坚持习近平新时代中国特色社会主义思想为指导，扎根中国大地，坚定办馆自信，努力成为前沿文献中心、思政育人平台、先进文化殿堂，传承和弘扬中华优秀传统文化、革命文化、社会主义先进文化。中国式现代化是物质文明和精神文明相协调的现代化，持续推进全民阅读走实走深，是扎实推进中国式现代化应有之义。